Johann Caspar Bluntschli

Rom und die Deutschen

Johann Caspar Bluntschli

Rom und die Deutschen

ISBN/EAN: 9783744657518

Hergestellt in Europa, USA, Kanada, Australien, Japan

Cover: Foto ©ninafisch / pixelio.de

Weitere Bücher finden Sie auf **www.hansebooks.com**

Rom und die Deutschen.

Von

J. C. Bluntschli.
(Heidelberg.)

I. Römische Weltherrschaft und deutsche Freiheit.
II. Der Jesuitenorden und das deutsche Reich.

Berlin 1872.
C. G. Lüderitz'sche Verlagsbuchhandlung
Carl Habel.

I.

Römische Weltherrschaft und deutsche Freiheit.

Seit bald zweitausend Jahren wird das Leben der europäischen Nationen hauptsächlich von zwei Mächten bewegt und bestimmt, die sich bald ergänzen und bald bekämpfen. Wir können die eine den Geist Roms nennen und die andere den germanischen, insbesondere den deutschen Geist. Merkwürdiger Weise sind diese beiden Geistesmächte, welche beide in Institutionen verkörpert sind und auf die Massen wirken, innerlich angezogen und erfüllt von der dritten großen Geistesmacht, welche die europäische Welt von der Tiefe des Seelenlebens aus ergriffen hat, von dem Christenthum. Indem sich das Christenthum mit dem Geiste Roms verbindet, wird es ein anderes, als indem es von dem deutschen Geiste aufgenommen wird. Die erste Verbindung hat die römisch-katholische Kirche, die zweite hat die verschiedenen protestantischen Kirchen hervorgebracht. Ich gedenke nicht die Natur dieser drei geistigen Mächte und die Art ihrer Wirkung näher zu erörtern, ich will nur den Einen Gegensatz zwischen Rom und den Deutschen in Einer Hauptbeziehung, in großen geschichtlichen Umrissen charakterisiren.

Der gebildete Mensch ist kein Tagesgeschöpf; er fühlt sich im Zusammenhang mit der Geschichte seines Volks und der Menschheit. Im Rückblick auf die Vergangenheit sucht er die Gegenwart richtig zu begreifen und wagt dann von diesem sichern Boden aus den Vorblick in die Zukunft, nach der er seine Schritte lenken muß. Er hat ein Verlangen, die Kräfte kennen zu lernen, welche auf die Entwickelung der Menschheit einen entscheidenden Einfluß üben. Daher ist es eine der fruchtbarsten Aufgaben der Wissenschaft, dieses Verlangen zu befriedigen.

Dem gebildeten Menschen erscheint die Weltgeschichte nicht als ein Spiel des Zufalls, denn jede Betrachtung derselben zeigt ihm einen natürlichen Zusammenhang und eine geordnete logische Folge der Ereignisse und offenbart ihm auch jene Gerechtigkeit, welche nach dem herrlichen Worte Schillers die Weltgeschichte zum Weltgerichte erhebt.

Die Weltgeschichte ist aber auch nicht das einfache Werk einer zwingenden Naturnothwendigkeit, welche nach unveränderlichen mechanischen Gesetzen bewegt wird und deren Wirkungen genau berechnet werden können. Dieser Grundansicht, die neuerlich von den Naturwissenschaften her auf die Geschichtswissenschaft übertragen worden ist, widerspricht sowohl das Bewußtsein der Freiheit, das wir in uns tragen und je in den bedeutendsten Menschen am entschiedensten wieder finden, als das Gefühl der sittlichen Verantwortlichkeit, an das unser Gewissen uns mahnt.

In einem andern Sinne freilich erkennen wir es willig an, daß auch die Weltgeschichte durch die Naturnothwendigkeit bedingt sei. Weder kann sich die Menschheit den Naturgesetzen entziehen, welche das Weltall beherrschen und auf der Erde wirken, noch darf sie die Grundbedingung ihrer eigenen Menschennatur verachten. Sie vermag Nichts gegen ihre Natur und Alles was sie irgend erreichen kann, erreicht sie nur dadurch, daß sie die in ihrer Natur ruhende Anlage entwickelt. Selbst unsere Freiheit wurzelt in der Natur unseres Geistes und kann nicht leben ohne diese.

Ganz wesentlich wirkt aber der Geist in der Geschichte und

diese Geisteswirkung zu erkennen ist die vorzüglichste Aufgabe der Wissenschaft. Die Hauptfrage ist, seitdem die griechischen Philosophen der Walten des Geistes (ὁ νοῦς) in der Geschichte bemerkt haben nicht mehr ob, sondern was für ein Geist in der Geschichte regiere. Hegel hatte gedacht, die allgemeine Vernunft, je nach der dialektischen Bewegung des logischen Gedankens, bestimme die Perioden der Weltgeschichte. Von diesem Gedanken aus hat er seine Philosophie der Geschichte geschrieben. Es konnte nicht fehlen, einem so scharfen Denker und einem so geistreichen Manne glückte es wohl, mit Hülfe dieser logischen Leuchte manche bisher verborgene Seite der geschichtlichen Entwickelung zu erhellen; aber seine ganze Auffassung der Weltgeschichte ist dennoch so künstlich und so gemacht, daß in dem verschrobenen und entstellten Bilde kein unbefangener Sinn mehr die Wirklichkeit erkennt.

Mir scheint, wer den in der Geschichte wirkenden Geist wahrhaft erforschen und begreifen will, muß mindestens drei wesentlich verschiedene Arten des Geistes, die alle bald mit bald wider einander wirken, scharf unterscheiden:

Voraus wirkt unzweifelhaft nicht blos im Leben der einzelnen Menschen, sondern auch auf das Leben der Nationen und der Menschheit der individuelle Geist bedeutender Menschen ein, welche durch ihre Autorität als Führer eine zahlreiche Nachfolge finden oder durch ihre Thaten die öffentlichen Zustände umwandeln. Ohne den eigenartigen Geist von Julius Cäsar ist das römische Kaiserthum so wenig zu erklären, als der Preußische Staat ohne König Friedrich II., oder die heutige Deutsche Reichsverfassung ohne die Individualität des Fürsten Bismarck.

Wenn gleich die Nationen und die Völker aus lauter Einzelmenschen zusammengesetzt sind, deren Jeder einen Individualgeist hat, so zeigt sich doch neben diesen unendlich mannigfaltigen Individualgeistern und davon verschieden ein Gemeingeist wirksam, der die Massen einheitlich zusammenfaßt. Dieser Gemeingeist offenbart sich in der Sprache, der Sitte, dem Recht, in dem Staat und in der Kirche. Er bestimmt den Charakter ganzer Völker und erhebt sich im weitesten Kreise zuletzt zu dem Einen Geiste der Menschheit. Er ist etwas Anderes, als die Summe oder als der Durchschnitt der Individualgeister. Das irdische Leben dieser ist auf wenig Jahre oder Jahrzehnte beschränkt, die Entwickelung des Gemeingeistes aber lebt so lange als die Völker leben und wird nach ganzen Menschenaltern und nach Jahrhunderten bemessen. Die Individualgeister widerstreiten sich in unübersehbarer Mannigfaltigkeit, der Gemeingeist aber bringt Einheit und Harmonie in diese Verwirrung. Große Männer üben dadurch einen nachhaltigen Einfluß aus, der nicht mit ihrem Tode erlischt, sondern auf Jahrhunderte hin fortwirkt, daß sie durch die mächtige Wirkung ihres individuellen Geistes auf den Gemeingeist, diesen bestimmen und wandeln. Ihre Institutionen, ihre Gesetze, ihre Werke werden zum Gemeingute der Völker und der Menschheit und dienen als Träger und Verkünder der nun gemeinsam gewordenen Gedanken, in der Zukunft dem Gemeinleben der Menschheit.

Indem wir diese beiden Arten des Menschengeistes unterscheiden, ihre Natur und ihre Richtung erkennen und in den äußern Erlebnissen des Völkerlebens ihre Wirkung aufzeigen, gewinnen wir die erwünschte Einsicht in den Zusammenhang und die Folge der Weltgeschichte. Aber so sehr wir uns anstrengen, Alles damit zu erklären, so will es uns doch nicht gelingen. Jede unbefangene und ernste Betrachtung der Geschichte stößt von Zeit zu Zeit auf räthselhafte Fragen, welche nicht durch den vertrauensvollen Hinweis auf die Macht des Menschengeistes zu lösen sind, sei dieser nun Individualgeist oder Gemeingeist. Dann wird es klar, daß in der Weltgeschichte noch ein anderer, weiter blickender und mächtigerer Geist walte als jener Menschengeist. Es offenbart sich uns nämlich **ein logischer und ein sittlicher Zusammenhang** in der Weltgeschichte, welche erst hinterdrein den spä=

teren Geschlechtern der Menschen sichtbar werden, aber den Handelnden anfangs gänzlich verborgen blieben, daher nicht von diesen erkannt noch gewollt wurden. So entdecken wir in dem Schicksal eine höhere Macht, welche von weithin den Gang der Weltgeschichte an ihrem Zügel führt. Das heißt, wir werden die Leitung des göttlichen Geistes gewahr, von dem der Menschengeist mit allen seinen Kräften abgeleitet ist und nur abgeleitet sein kann und der schon war, bevor es denkende Menschen gab, und sein wird, auch wenn die Menschheit ihre Bestimmung erfüllt haben und begraben sein wird.

Ohne die seltsame Geschichte des jüdischen Volksstammes war die weltgeschichtliche Erscheinung des Christenthums unmöglich: und doch gab es in der Welt nur diesen Einen naturwüchsigen harten Stamm, auf den das edle Reis gepfropft werden konnte. Ebenso war ohne das römische Weltreich die Verbreitung des Christenthums in der Menschheit unmöglich, und doch war auch diese Geschichte des Einen römischen Staates nur Ein Mal in der Welt. Wenn die Natur an neuen Bildungen von Pflanzen oder Thieren wirkt, so verfährt sie mit einer gewissen üppigen Verschwendung. Sie streut in reichster Fülle Samen und Eier aus und läßt unzählige Wesen untergehen, bis es einigen glückt, ihre besondere Art zu erhalten. Aber in der Weltgeschichte verfährt Gott mit haushälterischer Sorgfalt. Wird die Eine vorhandene Gelegenheit von den Menschen versäumt, so kehrt nur selten eine zweite wieder. Ohne die Hülfe Gottes könnte in so schwierigen Verhältnissen es den tastenden Menschen nicht glücken. Die beiden Völker, welche nothwendig zusammenwirken mußten, wenn das Christenthum zur Religion der Menschheit werden sollte, hatten sicher nie zuvor an diese Verbindung gedacht. Sie fühlten sich weit mehr von einander abgestoßen als angezogen. Die stolzen Römer hegten gegen die ungebildeten und fanatischen Juden die gründlichste Verachtung und hinwieder betrachteten die gottesfürchtigen Juden ihre heidnischen Besieger mit Haß und Abscheu. Dennoch brachte der nothwendige Fortgang der Weltgeschichte die beiden Völker zusammen, damit sie, wenn auch widerwillig, den großen Plan Gottes vollführen helfen. Erst mußte in Rom eine jüdische Christengemeinde sich bilden, welche die Leitung der christlichen Gemeinde mit vollem Nachdruck zu führen wußte. Lange Zeit stritten mit ihr noch die zum Christenthum bekehrten Römer, die Heidenchristen; bis zuletzt jüdisches und römisches Christenthum in Rom sich mischten und einigten.

In ähnlicher Weise zeigt sich dieser dritte göttliche Geist, ohne den die Weltgeschichte nicht zu erklären ist, dessen Walten wohl die unsichere Ahnung schon zum voraus oder in der Gegenwart verspürt, der prüfende Gedanke aber erst hinterdrein einigermaßen begreifen kann, auch in dem weltgeschichtlichen Gegensatze Roms und der Deutschen. Auch dieser für die Geschichte der Menschheit entscheidend gewordene Gegensatz ist nur Ein Mal vorhanden. Er hat während Jahrhunderten gewirkt, ohne daß die handelnden Personen sich dessen deutlich bewußt waren. Er wird erst allmählich, nach all' den bedeutenden Erfahrungen, den Völkern verständlich.

Die Entdeckung dieses Gottesgeistes in der Weltgeschichte hat nicht etwa nur eine religiöse Bedeutung. Sie wirkt auch auf die ganze Haltung und auf die Arbeit sowohl der Individualgeister als des Gemeingeistes ein, welche jenes Walten bemerken. Sie ersehen in dem Lichte dieses göttlichen Geistes deutlicher die eigene Bestimmung und den Dienst, den sie der Menschheit zu leisten die Aufgabe haben. Sie begreifen eben ihre Mission.

Von Ursprung an war Rom auf die **Weltherrschaft** angelegt, welche es später unter den Kaisern verwirklichte. Der Keim der künftigen Größe ist schon deutlich in den ältesten Institutionen der Römer wahrzunehmen.

An künstlerischer Begabung und an der Fähigkeit zu philosophiren und überhaupt wissenschaftlich zu denken, werden die Römer von ihren Lehrern, den Hellenen, weit übertroffen. Aber an Willenskraft und politischer Fähigkeit waren die Römer ebenso sehr den Griechen überlegen. Alle uralten römischen Institutionen verrathen den Geist einer absoluten Gewaltherrschaft, der den Römern angeboren ist. Der römische Eigenthümer fühlt sich als absoluter Herr aller Sachen, die ihm zugehören, und er weiß nichts von einer Pflicht gegen seine Nebenmenschen. Der römische Vater ist der absolute Herr über seine Frau und seine Kinder, die wie rechtlose Wesen seinem Willen unterworfen sind. Ebenso absolut ist die Gewalt der Magistrate je in dem Bereiche ihres Wirkens. Das römische Volk zuoberst beherrscht mit seiner Willkür alle Dinge. Sein Wille ist Recht und Gesetz. Sein höchster Ausdruck ist der römische Kaiser, dessen schrankenloser Weltherrschaft alle Völker unterthänig sind.

Dennoch war die Herrschaft Roms keine brutale Säbelherrschaft, nicht nach der Art der Mongolischen oder Türkischen. Sie war veredelt durch die Civilisation, welche die Römer verbreiteten. Die Römer gründeten und erhielten Städte und erhoben dieselben zu Sitzen der Cultur. Sie bauten herrliche Straßen und richteten Posten ein. Ihre Architektur hat einen stolzeren Schwung noch als selbst die attische und eine Fülle dauerhafter Werke hervorgebracht. Wo der Fuß der Römer siegreich auftrat, da hinterließ er prächtige Monumente als Spuren seines Ganges. Das römische Recht hat unvergängliche Gesetze erkannt und in klarer Form ausgeprägt und in den Umlauf der Welt gesetzt. Der römische Staat war die großartigste Gestaltung des ganzen antiken

Lebens. Die Römer hatten die „Menschheit" (die humanitas) vor Augen und wollten ihre Wohlfahrt fördern. Aber die Römer verstanden die Menschheit nur als Römerreich. Sie wollten sie nur in römischer Art, wenn sie sich romanisiren ließ. Die Einheit Roms ertrug keine Mannigfaltigkeit und keine Freiheit der Völker. Die volle römische Weltherrschaft bedeutete die Knechtschaft aller Völker, den Untergang der Nationen, ihre Auflösung in dem Einen Römerthum. Wäre sie vollständig erreicht worden, dann wäre Europa nur eine römische Provinz geworden, wie Asien und Afrika, ohne eigenes Leben. Die Entwicklung der Menschheit wäre abgeschnitten worden. All' das reiche Leben der europäischen Völker in den folgenden Jahrhunderten wäre im Keime erstickt worden.

In der That die Gefahr für die Menschheit war damals sehr groß. Sie konnte auch durch das Christenthum nicht beseitigt werden. Rom wußte die christliche Religion in seinen Dienst zu nehmen. Es machte sie zur Staatsreligion und der christliche Klerus wurde zu römischer Hierarchie umgebildet. Die christliche Religion wurde zu einem Mittel, die römische Herrschaft auch über die Geister zu befestigen.

Es gab nur eine Kraft auf der Erde, welche den Widerstand gegen Rom wagen durfte und mit Erfolg unternehmen konnte. Die göttliche Leitung der Weltgeschichte rief die Germanen, insbesondere die Deutschen auf. Nur von den Deutschen konnte die Menschheit vor der römischen Despotie gerettet werden und sie wurde von den Deutschen gerettet.

Schon hatten die Römer die Gefahr bemerkt, die ihnen von den Deutschen drohte, und angefangen, die deutschen Kräfte sich dienstbar zu machen. Die römischen Legionen wurden großen Theils mit germanischen Kriegern erfüllt. Germanische Fürsten traten, von römischem Golde geblendet und mehr noch von der Herrlichkeit des römischen Staats angezogen, in römische Dienste. Es fehlte nicht mehr viel, so ward auch der Widerstand der Germanen unmöglich.

In Kenntnissen, Technik, den Mitteln der Cultur, auch in der einheitlichen Gliederung und Ausbildung des Heeres und vor allem in der Autorität und Macht eines großen Staates waren die Römer den Deutschen überlegen. Dennoch wagten diese den scheinbar ungleichen Kampf wider die römische Weltherrschaft und bestanden ihn siegreich.

Nicht von dem Staatswillen, sondern von der Natur leitete der Germane das Recht ab. Niemals unterwarf sich der Germane irgend einer absoluten Gewalt über ihn: nicht einmal der Götter, viel weniger der Menschen. Er hatte ein lebhaftes Gefühl der persönlichen Würde und Ehre, welche sich selber vertheidigt. Es wirkte in seiner Seele ein männliches Selbstgefühl, das ihn nicht hinderte, für den geliebten Führer in den Tod zu gehen, aber ihn hinderte, der Sclave eines Menschen zu werden. Alle germanischen Institutionen sind mit dem Geiste der Persönlichkeit getränkt und mit der Liebe zur Freiheit erfüllt. Die Städte waren den alten Germanen verhaßt, weil sie fürchteten, in den Städten zu römischer Unterthänigkeit genöthigt zu werden. Sie duldeten nicht einmal zusammenhängende Häuserreihen und Gassen in den Dörfern. Selbständig und frei wollte jeder Hausvater mit Frau, Kindern und Gesinde auf seinem Hofe leben. Der Knabe stand wohl unter der sorglichen Vormundschaft des Vaters. Aber wenn er zum Manne erwachsen war, dann trat er selbständig und frei dem Vater zur Seite und gründete seine eigene Familie. Kein Richter, kein Graf, kein Herzog besaß eine absolute Macht. An der Volksversammlung der Freien nahmen alle freien Grundeigenthümer Theil und ohne ihre Zustimmung vermochte auch der Stammeskönig Nichts. Es fehlte ihnen die Staatseinheit und es war unter ihnen der Staatssinn wenig ausgebildet. Die Deutschen waren in mancherlei Stämme und kleine Gemeinwesen zerfallen.

Dennoch hatten sie den Muth, mit vereinten Kräften sich der Römer-Herrschaft zu erwehren. Die große Schlacht, in welcher der Cheruskerfürst Armin im Teutoburgerwalde die römischen Legionen vernichtete, bedeutete ebenso einen Wendepunkt in der Weltgeschichte, wie die Schlacht von Seban heute. Damals wurden die Deutschen und durch sie die Menschheit vor der Gefahr gerettet, in dem Römerreiche unterzugehen.

Derselbe Gegensatz zwischen römischer Weltherrschaft und deutscher Freiheit wiederholte sich in einer neuen Gestalt im Mittelalter.

Das alte Römerreich war zerfallen, besiegt von den Germanen. Aus den alten römischen Provinzen wurden neue germanische Königreiche gebildet. Rom selbst war unter die Herrschaft der Gothen gekommen. Die Staatenbildung in West- und Südeuropa war überall germanisch.

Aber der weltbeherrschende Geist Roms war noch nicht erstorben. Er erhob sich wieder aus dem tiefen Falle; freilich jetzt nicht mehr in der Gestalt der römischen Cäsaren und Imperatoren. Die Erinnerung an das Kaiserthum war mit der Staatsherrschaft auf die Germanen übergegangen. Sondern in der Form der christlichen Kirche. Die römische Kirche einigte die vielen germanischen Staaten durch ihren Glauben und ihre Hierarchie. Die römischen Bischöfe unternahmen es nun eine römische Geistesherrschaft über die Welt aufzurichten. Sie forderten diese Weltherrschaft nicht mehr, wie die alten Cäsaren, „im Namen des römischen Volkes", sondern „im Namen Gottes". Nicht mehr die öffentliche Wohlfahrt, die Salus Publica war das Ziel dieser Herrschaft, sondern das Seelenheil der Menschen, die ewige Seligkeit. Die Mittel dieser Herrschaft waren nicht mehr das römische Recht, die römischen Beamten, die römischen Legionen, sondern der römische Glauben, die römischen Priester und Mönche. Nicht mehr die Furcht vor den Ruthenstreichen und den Beilen der Lictoren schreckte die Europäer unter die römische Gewaltherrschaft; mit der viel schlimmeren Furcht vor den eingebildeten ewigen Höllenqualen und mit der Drohung der Excommunication hielten die römischen Hirten ihre Heerde beisammen.

Auch diese zweite kirchliche Herrschaft Roms über die Welt war nöthig für die Entwicklung der Menschheit. Ohne die überlegene Autorität Roms wären die Germanen nicht dauernd für das Christenthum gewonnen worden und ohne Rom wäre die antike Cultur der modernen Welt nicht erhalten worden. Die alte Welt hätte in Religion, in Wissenschaft und Kunst keine Nachwirkung erfahren. Sie hätte nicht für die Zukunft der Menschheit gelebt. In der Bewahrung dieser Geisteserbschaft hat Rom und die römische Kirche ein großes Verdienst sich erworben, das wir dankbar anerkennen.

Aber an diese Lichtseite schließt sich auch der dunkle Schatten an der absoluten Herrschaft Roms über die Völker. Die großen Päpste Gregor VII., Innocenz III., Bonifaz VIII. sprachen die Forderung dieser Weltherrschaft wie ein göttliches Recht offen aus vor aller Welt und verlangten, daß der Kaiser und die Könige sich der übergeordneten Autorität der Päpste unterwerfen, wie der Leib dem Geiste.

Wäre es den Päpsten geglückt, diesen Anspruch zu verwirklichen, so war die Menschheit verloren. Ihr Leben wäre erstickt worden unter dem Geistesdrucke der römischen Pfaffheit. Priesterherrschaft bedeutet immer Entmannung der Völker; die europäischen Völker hätten ihre Männlichkeit opfern müssen. Selbst die antike Cultur, die hellenische und die römische, obwohl durch Rom vermittelt, wäre nachträglich wieder verdorben und unfruchtbar geworden. Die Kirchenväter hätten die klassischen Schriftsteller verdrängt und das Dogma die Philosophie aufgezehrt. Die lateinische Gelehrten- und Kirchensprache wäre die einzige gebildete Sprache in Westeuropa geblieben. All der Reichthum an Geisteswerken, welche mit Hülfe der nationalen europäischen Sprachen, der italienischen, spanischen, französischen, englischen und deutschen Sprache geboren worden sind, wäre niemals zu Tage geförbert worden. Wie armselig und dürftig wäre das Leben der Menschheit geworden! Europa wäre auf die Stufe der Mongolei herabgesunken, wo der Bubbhismus ein ähnliches Ideal verwirklicht hat, wie es die christlichen Päpste des Mittelalters erdacht hatten.

Es gab auch im Mittelalter wieder nur Eine Rettung vor dieser Gefahr. Die römischen Nationen waren von der römischen Form bezaubert und durch ihre Traditionen an die römische Einheit und Herrschaft gewöhnt. Sie leisteten den römischen Päpsten keinen ernstlichen Widerstand.

Wiederum hatten die Deutschen allein den Muth und jenen Trotz der Freiheit, welche nöthig waren, um den gefährlichen Kampf zu wagen. Die deutschen Könige, die vermeintlichen Nachfolger und Erben der römischen Kaiser, wagten es, den römischen Päpsten entgegen zu treten. Um diese Achse dreht sich die ganze Geschichte des Mittelalters.

Freilich waren die Deutschen in ihrem Kampfe mit den römischen Päpsten nicht ebenso siegreich, wie ihre Vorfahren in dem Kampf wider die römischen Kaiser. Die Hauptursache ihrer Schwäche war der Mangel an Bildung. Rom überragte sie weit an Ideen und an kluger Berechnung. Dem bewußten und mächtigen Geiste hatten sie nur unklare Triebe, instinctive Gefühle, der göttlichen Weisheit, deren sich Rom rühmte, nur den unbeugsamen Trotz der sündigen Mannheit entgegen zu setzen. Die Päpste siegten über die Könige; aber der Sieg war ihnen doch so schwer geworden und war so unvollständig, daß die Gefahr einer entschiedenen und dauerhaften Weltherrschaft doch wieder abgewendet war. Die Existenz und Selbständigkeit der Staaten war doch gerettet worden.

Deutschland wurde in Folge dieser schweren Kämpfe zerrissen, die deutsche Königsmacht war zerpflückt und zerstreut worden unter die Fürsten und Städte. Aber die europäischen Völker hatten doch die Freiheit gewonnen, ihre eigenen Wege zu gehen. Staaten wie Venedig, Frankreich, England wagten nun mit Erfolg sich der Herrschaft des Papstthums zu entziehen. Die Zukunft der politischen und nationalen Völkerbildung war durch die Deutschen zum zweiten Male gerettet.

Die Staaten waren gerettet, aber die Geister noch nicht befreit. Noch besaß Rom die höchste und eine absolute Autorität des Geistes, zwar nicht mehr im Recht und in der Politik, aber im Wissen und Glauben.

Auch andere Nationen fingen nun an, und sogar noch früher als die Deutschen, in künstlerischer und in wissenschaftlicher Bildung sich freier zu bewegen. Die schöne und geisterbefreiende Epoche der Renaissance hat früher Italien ergriffen und die italienische Nation geweckt, lange bevor die Kirchenreform die deutsche Nation bewegte.

Aber keine andere Nation außer der Deutschen wagte die römische Autorität da anzugreifen, wo sie unantastbar schien, in dem Centrum ihrer Geistesherrschaft, in der Religion und im Glauben. Die gebildeten Italiener und Franzosen, welche sich persönlich frei gemacht hatten von dieser Autorität, waren geneigt, mit derselben ein Compromiß einzugehen. Sie huldigten äußerlich den hergebrachten Formen und Vorschriften der Kirche und erhielten dafür stille Duldung ihrer classischen Liebhaberei und ihrer großen Theils heidnischen Weltanschauung. Raphael durfte ungestraft die Kyprische Göttin und die Liebe des Amor mit der Psyche ver-

herrlichen, indem er auch für den Vatican die christliche Himmels=
königin und die heilige Geschichte in wunderbaren Bildern ver=
ehrte. Die Wenigen, welche Ernst machten mit dem Widerspruch
ihres Gewissens gegen die römische Herrschaft, wie Savonarola
und Huß, wurden schließlich verlassen, geopfert und verbrannt.
Nur die deutschen Reformatoren fanden in der deutschen
Nation die nachhaltige Unterstützung und den ausdauernden Muth
zum Widerstand. Nur die Deutschen ließen sich in dem Grade
für die Rechte des individuellen Gewissens und für das redliche
Streben nach Wahrheit begeistern, daß sie den Muth faßten, der
überlieferten Herrschaft der für heilig geachteten Autorität des
Papstes und der Bischöfe und der angeblich allgemeinen Wahr=
heit, welche die Kirche lehrte, entgegen zu treten.

Diese Befreiung des individuellen Gewissens und der indi=
viduellen Wahrhaftigkeit, welche die Menschheit der deutschen Kirchen=
reform verdankt, war nothwendig für den Fortschritt der Mensch=
heit. Denn Sittlichkeit ohne Freiheit ist ein Wort ohne Sinn,
und die sittliche Freiheit muß auch mit dem individuellen Gewissen
in Uebereinstimmung sein. Ebenso ist die Wissenschaft ohne den
individuellen Wahrheitssinn und ohne den Muth, jede Wahrheit
zu prüfen und die redlich erkannte Wahrheit, ja selbst den eigenen
Irrthum zu offenbaren, undenkbar. Die Bestimmung der Mensch=
heit erfordert Vervollkommnung ihrer sittlichen Zustände und Aus=
bildung aller menschlichen Erkenntniß.

Allerdings hat auch die deutsche Kirchenreform noch nicht
volle Geistesfreiheit gebracht. Auch die Protestanten erfuhren
wieder den Rückfall unter die Herrschaft neuer Glaubenssatzungen.
Die protestantische Theologie versuchte es wieder die Wissenschaft
zu bevormunden und zu hemmen, wie es früher die katholische
Theologie gethan hatte. Das Dogma hatte sich verändert, aber
es machte von neuem den Anspruch der untrüglichen Wahrheit,
welche die Wahrheitserforschung wie einen Frevel abwies.

Aber die deutsche Reformation hat dennoch die volle Befreiung des Staates von der Kirche theils begründet, theils eingeleitet und die spätere Befreiung der Wissenschaft und des gesammten Geisteslebens vorbereitet. Zum dritten Male verdankte die Menschheit ihren Fortschritt dem muthigen Ringen der deutschen Freiheit mit der römischen Herrschaft.

Merkwürdiger Weise tritt der uralte Gegensatz heute nochmals hervor. In der altgermanischen Göttersage von dem furchtbaren letzten Weltkampfe zwischen den guten und den bösen Mächten der Natur ist eine Ahnung wahrzunehmen von den gewaltigen Weltkämpfen zwischen Rom und den Deutschen. Sie stellt das dunkle Prinzip einer grausamen Gewaltherrschaft in dem Riesenwolfe dar, welcher losgerissen von seinen Banden die Welt verschlingen will. Auch in der alten Römersage zeigt sich ein charakteristischer Zug desselben Gedankens. Die beiden Gründer der ewigen Stadt werden als Kinder von den Brüsten der römischen Wölfin genährt. In der That durch die ganze Geschichte Roms geht ein Zug hindurch von jener grausamen, auf Gewaltübung sinnenden Wolfsnatur; wie in den germanischen Helden, die sich in der Walhalla auf den letzten Weltkampf vorbereiten, das Ideal des deutschen Heldenthums und der deutschen Mannesfreiheit zu erkennen ist.

Obwohl die neue Zeit jeder Pfaffenherrschaft entschieden abgeneigt ist, hat das römische Papstthum dennoch seine Ansprüche auf Weltherrschaft in unsern Tagen wieder erneuert, und einen neuen Feldzug wider den modernen Staat und die heutige Civilisation eingeleitet. Die Welt hatte die Vorbereitungen zu dem erneuerten Weltkampfe kaum bemerkt; sie hatte sich für sicher gehalten und an die erneuerte Gefahr nicht geglaubt. Erst als der Papst Pius IX. den gesammten Generalstab der Hierarchie auf dem vaticanischen Concil um sich versammelte und nun die Unfehlbarkeit des Papstes als Glaubenssatz der katholischen Kirche verkünden ließ, merkte die erstaunte Welt Etwas von dem römischen Kriegsplane. Die Proclamation der päpstlichen Unfehlbarkeit war die Proclamation der päpstlichen Weltherrschaft im Prinzip. Wenn der Papst im Glauben und in den Sitten als unfehlbar verehrt wird, so ist er der religiöse und moralische Herrscher der Welt. Wenn die Völker in Glauben und Sitten dem unfehlbaren Papste zu gehorchen die Pflicht haben, so dürfen sie Niemandem gehorchen und folgen, dem der Papst oder der dem Papste widerspricht, nicht der Wissenschaft, noch der eigenen Einsicht, auch nicht dem Gesetze des Staates und den Geboten des Königs. Wie die Völker so müssen sich die Obrigkeiten und die Staaten dem göttlichen Willen des Oberpriesters unterwerfen. Das Ideal der geistlichen Weltherrschaft, welches Gregor VII. und Innocenz III. geträumt, ist auch der Traum Pius' IX.; und schon glaubte er in denselben Tagen des Jahres 1870 der Verwirklichung dieses Ideals sehr nahe gekommen zu sein, an denen Napoleon III. und die Franzosen Deutschland mit der Kriegserklärung überraschten, welche den letzten großen Weltkampf einleiten sollte.

Als das deutsche Heer die Franzosen aufs Haupt schlug, empfand die römische Hierarchie die Siege der Deutschen wie eine Niederlage ihrer Verbündeten und wie eine Durchkreuzung ihrer Pläne. Die deutschen Siege machten es den Italienern möglich, die Herrschaft über Rom dem Papste zu entreißen und die kirchliche Hauptstadt der katholischen Welt zur nationalen Hauptstadt des Königreichs Italien umzubilden.

Aber der Geist römischer Weltherrschaft ist zähe und nicht so leicht durch Unfälle abzuschrecken. Schon wieder arbeiten die Jesuiten von Rom an einem neuen Weltkampfe wider das deutsche Reich und den protestantischen Kaiser, deren Existenz unvereinbar

ſind mit den Planen ihrer Herrſchaft. Sie arbeiten nach gemein=
ſamem Plane in Italien, in Frankreich, in Oeſterreich, in Polen
und in Rußland und vor allem auch in Deutſchland ſelber.
Der jeſuitiſch=römiſche Gedanke der Erneuerung päpſtlicher
Weltherrſchaft ſtützt ſich voraus auf die Schwäche und die Sünd=
haftigkeit der menſchlichen Natur, auf die Macht der Religion über
die Gemüther, auf den herkömmlichen Glauben und den weit ver=
breiteten Aberglauben, auf die Unwiſſenheit und die Reizbarkeit
der Menge. Er verheißt der Hülfe und Troſt ſuchenden Seele
einen ſicheren Frieden und ewige Seligkeit und ſucht die Schwan=
kenden und Aengſtlichen mit eingebildeten Höllenqualen zu er=
ſchrecken. Er ſtachelt an den Höfen das Mißtrauen auf und den
Haß gegen jede freiere Bewegung der Geiſter, die er als Revolu=
tion verdächtigt und brandmarkt. Er ſchmeichelt den romantiſchen
Neigungen des Adels und reizt die reactionäre Geſinnung mit
der Lobpreiſung des Mittelalters. Er regt die Vorurtheile und
den Fanatismus der Bauern auf. Er verſchmäht es auch nicht,
den ſozialiſtiſchen Begehren der Arbeiter ſeine Theilnahme zu be=
zeugen. Bald erſcheint er mit der Reaction, bald mit der Revo=
lution verbündet, wenn gleich die erſtere vorzugsweiſe ſeine Sym=
pathie beſitzt.

Die Führer in dieſem neuen Feldzuge, welchen die prieſter=
liche Herrſchſucht Roms eröffnet hat, ſind die Jeſuiten. Mehr als
in den letzten Jahrhunderten hat der reſtaurirte Jeſuitenorden in
unſerem Jahrhunderte der kirchlichen Hierarchie ſeine Prinzipien
und ſeine Disciplin anerzogen. Er hat den abſoluten Gehorſam
und die abſolute Autorität aus der Lehre in die Sitten über=
getragen. Die Pfarrer ſind zu willensloſen Werkzeugen geworden
in der Hand der Biſchöfe und die Biſchöfe zu ergebenen Dienern
des römiſchen Papſtes, wie niemals vorher in der Geſchichte der
Kirche. Wer von beiden der abſolute Herrſcher dieſer Hierarchie ſei,
der Papſt oder der Jeſuitengeneral zu Rom, iſt ſchwer zu ſagen.

Jedenfalls sind beide aufs engste verbunden und leiten von dem Centrum Rom aus die gesammte Hierarchie der katholischen Welt. Es ist eine auffallende Thatsache. Auch diesem neuesten Versuche Roms, eine geistliche Weltherrschaft herzustellen, sind wiederum nur die deutschen Katholiken mit Ernst und Muth entgegen getreten. Die Romanen sogar, wenn sie unter einander spotteten über die Thorheit der Priester, beugten sich dennoch äußerlich vor der dogmatischen Autorität Roms. Wenn sich Romanen offen gegen Rom zu empören wagen, dann verneinen sie meistens zugleich das Christenthum. Sie betrachten dann die Kirche als eine conventionelle Form ohne innere Wahrheit, die man wie andere gesellschaftliche Sitten äußerlich beachten müsse und innerlich belächeln dürfe.

Nur die Deutschen unterscheiden zwischen Religion und Rom, zwischen Christenthum und Kirche, und bewahren jene treu und fest in ihrem Herzen, während sie die Mißbräuche und die Anmaßungen dieser bekämpfen. Nur die Deutschen haben den Muth, ihre innere Gesinnung auszusprechen und den herkömmlichen Autoritäten entgegen zu treten. Nur sie haben zugleich den Ernst der Wahrheitsliebe und den Trotz der persönlichen Freiheit. Daher sind wieder die Deutschen von Gott berufen, der Erneuerung jenes alten römischen Cäsarenwahnsinns, der die Kaiser zu Göttern erhoben hatte und welche nun die Päpste zu unfehlbaren, d. h. göttlichen Wesen steigert, ins Angesicht zu widersprechen.

Mit ruhiger Zuversicht sehen wir dem Ausgang dieses, vielleicht letzten und größten Weltkampfes entgegen. Aber wir wissen, daß uns dieser Kampf bevorsteht und schon begonnen hat. Wir kennen den Feind, und er kennt uns. Wenn der Geist Roms in das Centrum der geistigen Dinge eindringt und von da aus die Welt zu betrachten unternimmt, so bringt auch der deutsche Geist in das Centrum des Geisteslebens ein und erfüllt es mit seiner Freiheit. Wir sind Rom in jeder Weise gewachsen.

Heute hat die römische Weltherrschaft nicht mehr wie in den früheren Zeitaltern eine innere Berechtigung. Sie hat nicht mehr die Aufgabe, den Barbaren die Erbschaft der antiken Civilisation zuzuführen, noch den Beruf, den Staat zu schaffen und das Recht zu sichern, noch die Bestimmung, die europäische Welt zu dem Christenthum zu erziehen. Wir kennen die antike Civilisation in Deutschland jetzt besser, als man sie in Rom kennt, und lieben sie mehr. Unser Staat ist eben so wohl geordnet als der römische es gewesen war und viel freier, als der Kirchenstaat. Das Christenthum ist ohne Rom lebenskräftig und wirkt unter den germanischen Nationen, welche die römische Autorität abgeworfen haben, gesunder und frischer als in den romanischen Ländern.

Der heutige Anspruch der römischen Hierarchie und des Jesuitenordens ist wie dieser Orden überhaupt das künstliche Erzeugniß jener seltsamen Mischung einer aufgeregten Phantasie mit kühler Berechnung. Die Erinnerung an die mittelalterlichen Papstträume ist in demselben bedeutender als die Einsicht in die heutigen Bedürfnisse der Menschheit. Seine Gedanken sind vorzugsweise Einbildungen, nicht Wirklichkeiten. Er ist die leibhafte Reaction des Mittelalters im Kampfe mit der neuen Zeitepoche, die sich aus dem Mittelalter losringt.

Die Verhältnisse haben sich aber seit dem Mittelalter sehr wesentlich verändert. Damals waren die deutschen Könige den Päpsten und die Staaten den Kirchen an Leibeskraft wohl überlegen aber viel schwächer an Geist und Bildung.

Der heutige Staat ist der mittelalterlichen Kirche auch geistig überlegen, wie die heutige Wissenschaft es ist gegenüber der kirchlichen Tradition. Die Menschheit hat seither nicht vergeblich gelebt und viel gearbeitet, auch viel gedacht. Es ist unmöglich, daß sie sich der kirchlichen Bevormundung wieder unterwerfe, über welche sie schon lange geistig emporgewachsen ist. Wir wissen mehr, als Rom und der Papst weiß, sehr viel mehr. Die Philo=

sophie und die Naturwissenschaft, die Kritik und die Geschichte haben so Großes geleistet, wie es die mittelalterliche Theologie, die heute noch in dem römisch erzogenen Klerus herrscht, nie vermocht hat. Der wissenschaftliche Mensch von heute schaut von der sonnenbeglänzten Höhe eines Berggipfels herab auf die dunklen nebelumhüllten Schluchten, in denen der römische Klerus von seiner Größe träumt. Er wird sich nie wieder von diesem beherrschen lassen. Die Wissenschaft des ganzen Jesuitenordens, der Cardinäle, des Papstes selbst ist so unentwickelt, so unreif und dürftig, daß sie im Vergleich mit wirklicher Wissenschaft, wie sie in Deutschland lebt, nur wie dunkle Unwissenheit aussieht.

Wenn daher Rom es nochmals wagt, die geistige oder vielmehr die geistliche Weltherrschaft anzustreben, so wird der römische Geist der Herrschaft im Kampfe mit dem deutschen Geiste der Freiheit sicher erliegen. Der deutschen Nation kommt es zum Bewußtsein, daß sie von Gott berufen ist, den Fortschritt der Menschheit zu retten und die Völker definitiv zu befreien. Indem sie sich ihres Berufes bewußt wird, wird sie sich auch in diesem Weltkampfe glorreich bewähren. Der Geist der deutschen Freiheit wird den Geist der römischen Weltherrschaft vollends überwinden.

II.

Der Jesuitenorden und das deutsche Reich.

1. Die Wiederkehr des Jesuitenordens und die Erneuerung des deutschen Reiches.

Die älteren Männer, die heute noch leben, haben während ihrer Lebenszeit zwei Mächte von weltgeschichtlicher Bedeutung, wenngleich von sehr verschiedenem Charakter und Werthe, wieder aufleben gesehen, welche ihre Väter als abgestorbene Gebilde des Mittelalters zu Grabe gebracht hatten. Die eine Macht ist der Jesuitenorden, die andere das deutsche Reich und die deutsche Kaiserwürde.

Der Jesuitenorden war im Jahre 1773 von dem Papste Clemens XIV. für ewige Zeiten aufgehoben worden, und wurde im Jahre 1814 von einem Nachfolger desselben auf dem römischen Stuhle, von Pius VII. wieder hergestellt. Das alte deutsche Reich und die alte Kaiserwürde waren im Jahre 1806 für erloschen und todt erklärt worden; und im vorigen Jahre wurde wiederum das deutsche Reich neu begründet und die deutsche Kaiserkrone in strahlendem Glanze erneuert.

Als der Jesuitenorden nach einer gewaltigen Wirksamkeit von mehr als zweihundert Jahren endlich der allgemeinen Verwünschung der Fürsten und der Völker erlag, fühlte sich die katholische Welt wie von einem schweren Drucke erlöst und von einer großen Gefahr befreit. Die Wiederherstellung des Ordens aber wurde anfangs kaum beachtet und machte sich erst nach Jahrzehnten durch ihre Wirkungen für die moderne Welt fühlbar.

Das deutsche Reich des Mittelalters hatte ein wechselvolles Leben von nahezu einem Jahrtausend zurückgelegt, aber es war schon seit mehreren Jahrhunderten in einer unaufhaltsamen Zerbröckelung und Auflösung begriffen und völlig altersschwach und ohnmächtig geworden, als es endlich den Stößen der französischen Revolution und den Schlägen der Napoleonischen Siege zum Opfer fiel und sang- und klanglos begraben ward. Die Mitwelt hatte so sehr den Glauben an die Lebensfähigkeit des Reiches aufgegeben, daß sie den Hinschied desselben kaum bemerkte. Die Erneuerung des deutschen Reiches dagegen wird allgemein wie eine Wendung der Weltgeschichte, je nach dem Standpunkte des Beobachters bald freudig bewillkommt, bald grollend gescheut, aber von Niemandem gleichgültig betrachtet. Wir haben mit steigender Theilnahme es erlebt, wie allmählich die getrennten Glieder zunächst im deutschen Norden und im Anschluß an den preußischen Staat zu einem lebenskräftigen Bunde sich zusammen fügten, wie dann die erneute Gefahr des französischen Angriffs die ganze deutsche Nation in der Tiefe ihrer Seele aufregte und ihre politische Wiedergeburt beschleunigte, wie die deutschen Volksheere den Feind zu Boden schlugen, und wie die französische Kaiserkrone Napoleon III. vom Haupte fiel, und in dem französischen Königsschlosse zu Versailles der siegreiche Heldenkönig Wilhelm zum deutschen Kaiser ausgerufen ward, wie ganz Deutschland nunmehr zu einem mächtigen deutschen Reiche geeinigt ward. Wir haben das Alles in den letzten Jahren erlebt und danken Gott dafür, so Großes erlebt zu haben.

Das Auferstehen der beiden Mächte aus dem Grabe hat fürwahr einen sehr verschiedenen Sinn in jedem der beiden Fälle. Nur eine scheinbare Parallele täuscht vorerst den oberflächlichen

Blick. Der Gegensatz der beiden Erscheinungen und Richtungen zeigt sich um so schroffer, je aufmerksamer man beide prüft. Der im neunzehnten Jahrhundert wieder erweckte Jesuitenorden nämlich ist ganz und gar der alte Jesuitenorden der früheren Jahrhunderte. Das neue deutsche Reich und die deutsche Kaiserwürde von heute sind von Grund aus verschieden von dem mittelalterlichen römischen Reiche deutscher Nation und von dem römischen Kaiserthum der deutschen Könige. Dort nehmen wir den Versuch wahr, eine mittelalterliche Institution in dem modernen Weltalter wieder zu erwecken, hier sehen wir eine Neuschöpfung der neuen Zeit, die nur in den Namen an die mittelalterlichen Zustände erinnert, in allen wesentlichen Beziehungen aber nichts mit jenen mittelalterlichen Gestalten gemein hat.

2. Der Jesuitenorden als Revenant.

Der restaurirte Jesuitenorden ist nichts Anderes und will nichts Anderes sein, als der alte Jesuitenorden vor seiner Aufhebung gewesen ist. Der bekannte Spruch, wie die einen sagen eines Jesuitengenerals, wie die andern behaupten eines Papstes: „Sint ut sunt, aut non sint!" „Sie sollen sein, wie sie sind, oder nicht sein" hat heute noch dieselbe Bedeutung, wie im achtzehnten Jahrhundert. Er schließt die Möglichkeit einer Reform aus und verstattet nur die Wahl zwischen Fortbestand des alten Ordens oder Untergang desselben. Als im Jahre 1820 zum ersten Male wieder seit der Wiederherstellung des Ordens eine Congregation der Väter in Rom zusammen trat, erklärte dieselbe unter einstimmigem Beifall der versammelten Professen, daß sie „auf den Fußstapfen der alten Väter verharren und nicht im geringsten von ihrem heiligen Institut abweichen wollen". Diese Congregation selber nannte sich die zwanzigste, indem sie sich unmittelbar den neunzehn ältern Congregationen anreihte.

Ausdrücklich wurden die alten Ordensstatuten (Constitutionen genannt), wie dieselben seit der Zeit der beiden ersten Stifter und Generale des Ordens, Ignatius Lojola und Lainez, erlassen worden, als Verfassung auch des restaurirten Ordens anerkannt. Heute wie vor Jahrhunderten berufen sich die Jesuiten auf die Privilegien der Päpste des sechszehnten Jahrhunderts Paul III., Paul IV. und Gregor XIII.

Ganz ebenso wie vor Alters werden die Zöglinge des Ordens durch die Exercitien, welche großen Theils von dem Stifter des Ordens vorgeschrieben sind, zum Eintritt in den Orden vorbereitet. Da wird die empfängliche Seele der schwärmerischen Jünglinge durch Stillschweigen und Selbstpeinigung für den Dienst des Ordens eingeschult und in Entsagung und in der Knechtschaft geübt, mit phantastischen Legenden der Heiligen gereizt, mit den Schilderungen der Sünde und der Höllenpein geängstigt und zu dem großen Weltkampfe des Ordens für die Herrschaft des Gekreuzigten wider den Satan, zu dem die Compagnie Jesu berufen sei, vorbereitet. Da auch wird jener absolute Gehorsam gegen die Befehle der Ordens-Obern, zu oberst des Generals, in welchem die Jesuiten „nicht einen Menschen, sondern den Stellvertreter Gottes verehren" müssen, angelernt und andressirt. Auch die Keime der religiösen Weltherrschaft, welche das Ziel des Ordens ist, werden da zuerst künstlich in die Herzen der strebenden Jünglinge eingepflanzt.

Heute noch bestehen die alten vier Classen fort, der Neulinge (Novizen), der Schulmänner (Scholastiker), der Ordenshelfer (Coadjutoren) und der vollberechtigten Meister des Ordens (der Professen). Sie schwören Alle noch jenes alte Gelübde, welches den freien Willen aufhebt und den Jesuiten für immer zu einem Werkzeuge des Generals macht im Dienst des religiösen Fanatismus und der kirchlichen Weltherrschaft:

„Ich N. N. mache das Bekenntniß und verspreche dem allmächtigen Gott vor seiner jungfräulichen Mutter (!); vor dem ganzen himmlischen Hofe und vor allen Umstehenden und Dir dem hochwürdigen Vater N., dem vorgesetzten General der Gesellschaft Jesu, der Du Gottes Stelle vertrittst, und Deinen Nachfolgern (oder Dir dem hochwürdigen Vater N., der Du als Vertreter des Generals der Gesellschaft Jesu und seiner Nachfolger die Stelle Gottes vertrittst) ewige Armuth, Keuschheit und Gehorsam, eine besondere Sorge für den Unterricht der Knaben, gemäß der Lebensregel, welche die apostolischen Briefe der Gesellschaft Jesu und ihre Constitutionen vorschreiben." Die Professen fügen den drei Gelübden noch das vierte hinzu: „Ueberdem verspreche ich den besondern Gehorsam dem Papste betreffend die Missionen, wie solches in den erwähnten apostolischen Briefen enthalten ist".[1]) Dadurch werden sie verpflichtet, jeden Augenblick zu jedem Auftrage bereit zu sein, welcher in den entferntesten Gegenden der Welt zu vollziehen ist. Der Jesuit hat keine Heimat und wird, je nach dem Willen seiner Obern, plötzlich aus allen bisherigen Lebensverhältnissen herausgerissen und unter fremde, vielleicht feindliche Nationen oder Stämme versendet. Er muß augenblicklich dahin abreisen.

An der Spitze des Ordens steht heute noch wie früher der Ordens-General, mit den Ansprüchen eines Souverains und mit dictatorischer Gewalt über alle Glieder des Ordens. Von Rom

---

[1]) Die lateinische Formel lautet: »Ego N. N. professionen facio et promitto omnipotenti Deo coram ejus virgine matre et universa coelesti curia ac omnibus circumstantibus et tibi Patri Reverendo N. N. Praeposito Generali societatis Jesu locum Dei tenenti et successoribus tuis (vel tibi Reverendo Patri vice praepositi Generalis societatis Jesu et successorum ejus, locum Dei tenenti), perpetuam paupertatem, castitatem et obedientiam, peculiarem curam circa puerorum eruditionem, juxta formam vivendi, in litteris Apostolicis societatis Jesu et in ejus Constitutionibus contentam. Insuper promitto specialem obedientiam summo Pontifici circa missiones, prout in eisdem litteris Apostolicis continetur.«

aus beherrscht er sein geistliches Heer, das ihm zu unbedingtem Gehorsam verpflichtet ist. Seine Befehle werden von den Jesuiten wie Gottes Befehle geachtet, und sie vollziehen seinen Willen als den Willen Gottes. In allen Welttheilen und unter allen Nationen und Stämmen, wo sich Jesuiten finden oder wohin er Jesuiten schickt, greift er so durch seine Untergebenen in die Verhältnisse ein.

Der universelle Charakter des Ordens ist derselbe geblieben, wie von Anfang an. Der Jesuiten=General zu Rom überschaut von der Höhe der kirchlichen Welt= und Hauptstadt aus den Erdkreis, als den weiten Bereich der Ordensthätigkeit und der Ordensherrschaft. Zu diesem Behufe wird die Welt in sogenannte Assistenzen und Provinzen des Ordens getheilt. Das alte deutsche Reich, obwohl in dem früheren Mittelalter der wichtigste Staat in Europa, war in den Augen des Ordens doch nur ein Stück einer größeren Assistenz. Außer Ober= und Niederdeutschland wurden noch Oesterreich, Böhmen, Polen, Belgien und selbst England zu einer jesuitischen Assistenz zusammen gefaßt. Auch das heutige Deutsche Reich bildet nur eine von den vielen Jesuiten=Provinzen.

Wie früher hat der Orden, wo immer in einer Weltgegend er zugelassen wird, seine Profeßhäuser und Collegien daselbst, seine Stationen und Anstalten. Auch die Unterrichtsmethode ist in der Hauptsache die alte geblieben. Noch wie im Mittelalter gilt ihm die lateinische Sprache als die wahre und herrschende Sprache sowohl der Religion als der Wissenschaft. Die nationalen Sprachen beachtet er nur, soweit ein Zugeständniß an die heutige Sprechweise der Völker unvermeidlich ist.

Selbst die Tracht des Ordens hat sich nicht geändert. Noch besteht sie aus der schwarzen Robe, welche bis an das Fußgelenk reicht. Noch tragen die Jesuiten den schwarzen Hut, dessen vorn und hinten vorspringende breite Krämpen den Kopf in dunkle

Schatten hüllen, damit er sicherer die Anderen beobachte, schwerer vor Anderen erkannt werde.

Der ganze Geist des Ordens ist derselbe wie er in den früheren Jahrhunderten gewesen ist. Der Orden voraus ist der Träger und Verfechter jener mittelalterlichen Ideen der kirchlichen und päpstlichen Herrschaft über die Welt, der Todfeind des modernen Staates und der modernen Cultur. Als der Papst Pius IX. dem modernen Zeitgeiste wie der modernen Wissenschaft, dem modernen Rechte und der modernen Freiheit durch seine Encyclica vom 4. December 1864 und den beigefügten Syllabus errorum den unversöhnlichen Vernichtungskrieg ankündigte, handelte er im vollsten Einverständnisse mit dem Jesuitenorden, und verlieh er nur der Lehre des Jesuitenordens die päpstliche Weihe.

Nur in einer Hinsicht ist der Orden mit der Zeit fortgeschritten, aber auch das wieder in Uebereinstimmung mit seinen ursprünglichen Vorsätzen. Er weiß die modernen Mittel des Einflusses und der Macht sich anzueignen und dieselben für seine mittelalterlichen Ideale gegen die modernen Bestrebungen zu verwenden. Mit dem Papste verdammt er alle die Freiheiten, welche die moderne Rechtsbildung zuerst erkannt und der moderne Staat zuerst geschützt hat, die Preßfreiheit, die Vereinsfreiheit, die Unterrichtsfreiheit, die Bekenntniß- und Culturfreiheit als gefährliche, verderbliche, hassenswerthe Irrthümer unserer Zeit. Würde der Orden die Herrschaft wieder verwirklichen können, welche er früher zum Theil besessen hat und die heute wiederum das Ziel seines Strebens ist, so würde er ohne Zweifel alle diese Freiheiten als Ausgeburten der Revolution und Erzeugnisse des Teufels gänzlich unterdrücken und vernichten.

Aber da er die Herrschaft noch nicht in dem Maße besitzt, um seine freiheitsmörderischen Plane auszuführen, so beutet er vorläufig alle diese Freiheiten möglichst für seine Zwecke aus und wendet so die Waffen der Freiheit wider die Freiheit. Von der verhaßten Preßfreiheit, jenem „Wahnsinn" der modernen Welt, macht er den rücksichtslosesten Gebrauch. Er hat sich überall eines großen Theils der Zeitungspresse bemächtigt und eine Menge vorzüglich auch kleiner Blätter gegründet, welche die Pfarrer und Vicare unter die Massen bringen. Vergeblich wird man in dieser Jesuitenpresse eine Belehrung suchen über die Ereignisse der Zeit, über die leitenden Ideen, über die realen Bedürfnisse. Die Liebe zur Wahrheit ist denselben ebenso fremd, wie die Liebe zum Vaterland. Dagegen sind sie voll von persönlichen Schmähungen und Rohheiten, reich an Stacheln der Leidenschaften und Verhetzungen, immer im Dienste des Einen Zieles, der absoluten Herrschaft der römischen Hierarchie und der Unterdrückung aller Regungen des freieren Geistes. In Rom selbst führt die Civilta Cattolica, der Jesuiten-Moniteur, in einer gewählteren Sprache, aber in demselben Geiste den Chor der übrigen Blätter an, das Lieblingsorgan Pius' IX., dessen Artikel der Papst selber oft prüft und gutheißt, bevor sie veröffentlicht werden. Von Genf aus gibt die Jesuitische Correspondenz die Schlagwörter aus. In Berlin, in München, in Wien stehen wie in Paris größere Blätter zur Verfügung des Ordens, gleichsam als Preßstäbe, von denen die niedrigeren Localblätter und Blättchen die Parole bekommen.

Ganz ebenso weiß der Orden die Vereinsfreiheit, welche Deutschland der Revolution von 1848 verdankt, für seine geistliche Kriegsführung zu benutzen. Er hat eine ganze Masse von katholischen Vereinen, Marienbrüderschaften, Casinos, Gesellenvereinen gegründet und bearbeitet so alle Schichten der Bevölkerung, theils unmittelbar, theils indem er sie mittelbar an seinen Zügeln hält und leitet.

Wo es ihm verstattet wird, Schulen zu halten, da beutet er die verstattete Freiheit des Unterrichts bis zur Verdrängung der staatlichen Aufsicht aus oder sucht, wo das unmöglich ist, die Aufsicht zu täuschen und unwirksam zu machen. Da voraus lehrt er jene knechtische Unterwürfigkeit unter die kirchlichen Autoritäten, wie wenn sie Religion wäre, und erstickt im Aberglauben den natürlichen Verstand.

Wenn endlich der Staat sich genöthigt sieht, seine und die Rechte der Menschheit zu wahren gegen die Angriffe pfäffischer Herrschsucht, dann erhebt er einen lauten Klage- und Weheruf über Bedrückung der Cultusfreiheit und über Verletzung der Religionsfreiheit. Wo er herrscht, duldet er niemals eine abweichende religiöse Meinung. Wo er nicht herrscht, dient ihm die Glaubensfreiheit als ein Mittel, die Herrschaft über die besorgten Gewissen zu erobern.

Also: Der Jesuitenorden von heute ist die Fortsetzung des Jesuitenordens der letzten Jahrhunderte. Er ist der ächte „Revenant" aus der Vergangenheit: ein Institut der letzten mittelalterlichen Reaction, künstlich in der neuen Zeit wieder von den Todten erweckt. War er schon dem alten deutschen Reiche gegenüber eine feindliche Macht, so steht er dem neuen deutschen Reiche noch fremder, unverträglicher entgegen.

3. Das deutsche Reich eine Neuschöpfung.

Das heutige deutsche Reich ist Gott sei Dank ein völlig anderes Wesen als das im Jahre 1806 für immer begrabene heilige römische Reich deutscher Nation. Nur der Boden, die Luft und der Volksstoff sind dieselben geblieben, und einige Namen erinnern noch an die gleichbenannten Institute des Mittelalters. Alles Uebrige, der Körper und der Geist des Reiches sind von Grund aus umgestaltet und anders geworden.

Die alten Reichsgesetze mit ihren goldenen Bullen und kaiserlichen Wahlkapitulationen gelten nicht mehr, so wenig als die alte Verwirrung des früheren Reichsrechtes und der vormaligen

Reichspubliciſtik. An ihrer Statt haben wir eine moderne Verfaſſung, moderne Geſetze und eine moderne Wiſſenſchaft.

Die alten Reichstage, auf denen mit den deutſchen Königen die Kurfürſten, die Hunderte von Fürſten und Biſchöfen, Grafen und Aebten und die Vertreter der Städte in verſchiedenen Ordnungen und auf beſonderen Bänken zuſammenſaßen, ſind nicht wiedergekehrt, ſo wenig als die ſpäteren Reichsverſammlungen, auf welchen die Geſandten der angeſeheneren Landesherrn zuſammen traten, aber das deutſche Volk nirgends eine Vertretung fand und keine Stimme hatte. In dem heutigen deutſchen Reiche hat auch das deutſche Volk in allen ſeinen Klaſſen eine gemeinſame Repräſentation und eine einflußreiche Stimme erhalten. Es hat einen bedeutſamen Antheil an der Geſetzgebung des Reichs und übt eine Controle aus gegenüber der Regierung und Verwaltung der Reichsangelegenheiten. Anſtatt der reichsſtändiſchen Verfaſſung des Mittelalters haben wir heute die modern repräſentative eingeführt. Das Mittelalter hatte es niemals zu einer wahren Einheit des nationalen Willens und der That gebracht. Das neue deutſche Reich hat beides in vollem Maße erreicht.

Während mehrerer Jahrhunderte war das alte Reich in zunehmender Auflöſung in die territorialen und particulären Einzelſtaaten begriffen, bis zuletzt der deutſche Boden mit ſeinen fleißigen und geduldigen Bewohnern als ein bequemes Entſchädigungsmaterial für die Anſprüche fremder Fürſten und als eine ſichere Beute für eroberungsſüchtige fremde Mächte betrachtet und behandelt wurde. Das neue Reich aber iſt das Werk des erwachten Nationalgeiſtes, der die ſpröde Natur jenes ererbten engherzigen und kleinlichen Particularismus durch ſeine begeiſterte Wärme flüſſig gemacht und überwunden hat. In dem Rieſenkampfe mit dem feindlichen Nachbar, der in den letzten Jahrhunderten ſo oft die deutſchen Länder überfallen und bald Stücke des deutſchen Bodens weggeriſſen und ſich angeeignet hat, bald ſich die deutſchen

Höfe dienstbar zu machen oder wider einander zu verhetzen gewußt hat, hat die deutsche, nunmehr geeinigte Kraft ihre Ueberlegenheit siegreich bewährt, den Feind gedemüthigt und ihm die frühere Beute wieder entrissen. Die deutsche Politik hat in der Dynastie Hohenzollern ihr glorreiches Haupt und sie hat in dem großen preußischen Staatsmanne, der zum deutschen Staatsmanne hervorgewachsen ist, ihren richtigen Führer gefunden.

Jener mittelalterliche deutsche König und römische Kaiser hatte weder ein Heer noch hatte er Geld zu seiner Verfügung. Dem alten aristokratischen Vasallenheer fehlte die Einheit. Sogar damals als der deutsche König auf dem Gipfel seiner Macht stand, war er der Treue seiner mächtigen Vasallen nicht sicher und von ihrem guten Willen gänzlich abhängig. Selbst der gewaltige Friedrich Barbarossa konnte es nicht hindern, daß der stolze Welfenfürst mit seinen Truppen ihn in der gefährlichen Krisis verließ. In den letzten Zeiten war vollends die buntscheckige, zerfahrene Reichsarmee der Spott der Weiber und Kinder geworden.

Wie ganz anders steht es jetzt. Das deutsche einheitlich geschulte und geführte Heer mit seiner Linie von 400,000 Mann, mit seiner Reserve und Landwehr, deren jede mindestens ebenso viel Mann ins Feld stellen, ist heute die größte Kriegsmacht der Welt. Diese Armee ist in der strengen Zucht, welche das preußische Heer- und den preußischen Staat groß gemacht haben, aufgewachsen und sie gehorcht freudig und willig dem Einen Befehl des deutschen Kaisers.

Der römische Kaiser deutscher Nation hatte keinerlei gesicherte Einkünfte vom Reiche, das selber bettelarm geworden war. Die alten königlichen Domänen waren längst unter die Landesherren zerstreut und an die Städte veräußert, die frühern Reichszölle und die Regalien an die Territorien abgetreten worden. Die unbedeutenden Matricularbeiträge der Reichsstände für Erhaltung des Reichskammergerichts, die sogenannten Kammerzieler von ungefähr

100,000 Thlrn. mußten tropfenweise zusammen gebettelt werden und waren doch nicht regelmäßig beizubringen. Das heutige deutsche Reich dagegen verfügt über ein Jahresbudget von ungefähr 117 Millionen Thaler und über einen Reichsschatz von 40 Millionen Thaler.

Das heutige deutsche Kaiserthum ist aber auch nicht mehr ein römisches, wie im Mittelalter. Es hat die confessionelle Fessel abgestreift und ist nicht mehr in Gefahr wie ein Dienstmann des Papstes betrachtet zu werden. Die confessionelle Spaltung, welche das alte Reich in zwei feindliche Körper trennte, den katholischen und den evangelischen Reichskörper, ist in dem modernen Reiche glücklich gehoben, dessen Recht und Politik nicht confessionel gebunden und beschränkt sind und das alle Deutschen, gleichviel welchem Glauben sie huldigen, zu Einem Volke zusammenfaßt. Das frühere Kaiserhaus der Habsburger und ihrer Erben, der Lothringischen Fürsten, war durch seine Hingebung an den römischen Stuhl und seine Neigung, eine specifisch katholische Politik zu treiben, von Alters her zu einem specifisch katholischen gestempelt. Das alte Kaiserthum war mit Rom verwachsen und hatte die priesterliche Weihe. Das protestantische Haus der Hohenzollern dagegen hatte schon seit Jahrhunderten den Grundsatz des Toleranz und der religiösen Freiheit verkündet und bewährt. Der heutige deutsche Kaiser ist kein römischer Kaiser und weder an Rom noch an confessionelle Schranken gebunden. Auf dem Boden des modernen Staates und des modernen Rechtes stehend schützt der deutsche Kaiser die gleiche Freiheit Aller auch in religiöser Hinsicht, und seine Politik steht nicht im Dienste einer bevorzugten Kirche, sondern sorgt für die gemeinsamen Interessen der ganzen deutschen Nation, mögen ihre Glieder Protestanten oder Katholiken, Christen oder Nichtchristen, Gläubige oder Ungläubige sein.

Das neue deutsche Reich also ist nicht wie der Jesuitenorden ein Revenant des Mittelalters, nicht die Fortsetzung des alten römischen Reiches deutscher Nation, wie sich das wohl die Romantiker der ersten Jahrzehnte unsers Jahrhunderts geträumt hatten, sondern eine Schöpfung der modernen Gedanken und der modernen Rechtsbildung.

4. Der Jesuitenorden im alten Reiche.

Selbst dem alten mittelalterlichen deutschen Reiche stand der ebenfalls mittelalterliche Jesuitenorden wie eine feindliche Macht gegenüber. An dem Verfall des Reiches und an dem Unglück der deutschen Nation in den letzten Jahrhunderten hatte der Jesuitenorden einen sehr erheblichen Antheil. Mit dem neuen deutschen Reiche unserer Tage ist derselbe natürlich noch weit weniger verträglich.

Schon die Gründung des Ordens geschah im entschiedensten Widerspruch zu dem Wesen und Leben des deutschen Geistes. Die deutsche Nation war damals ergriffen von der reformatorischen Bewegung, welche in der Tiefe des religiösen Gewissens und Glaubens die Kraft schöpfte, um die Kirche von den Mißbräuchen zu reinigen, und gestützt auf die Autorität der Bibel die bisher unbestrittene Autorität des römischen Papstes und der Bischöfe verwarf. In der Absicht, die erschütterte Herrschaft Roms über die Geister und der päpstlichen Hierarchie über die Welt herzustellen, die von Deutschland ausgehende Reform zu bekämpfen, die Ketzerei auszurotten, wurde von dem glaubenseifrigen Spanier der neue Orden gestiftet. Der spanisch-romanische Fanatismus sammelte in demselben seine Kraft, um mit dem deutsch-germanischen Geiste des religiösen Gewissens und der religiösen Freiheit den Kampf auf Leben und Tod aufzunehmen.

Gewiß war jener Ignatius Lojola, in dem sich die Eigenschaften eines waffengeübten und ehrgeizigen spanischen Edelmannes, eines feinen Hofmannes, eines eifrigen Theologen und eines phantaſtiſchen Mönches ſeltſam gemiſcht hatten, einer der bedeutendſten Männer des Jahrhunderts. An Glaubensinbrunſt und an Willensenergie war er unſerm Martin Luther wohl ebenbürtig, ſo verſchieden auch der Glaubensinhalt und die Richtung der beiden Männer waren. An Menſchenkenntniß, an berechnender Klugheit und an der politiſchen Fähigkeit, Macht zu erwerben und auszuüben war der Spanier dem Deutſchen ſehr überlegen. Dagegen ſtand jener hinwieder hinter dieſem weit zurück an natürlichem Menſchenverſtand, an dem offenen Sinn für die Lebensbedürfniſſe des Volks und an ſittlicher Geſundheit. Ignazius Lojola war zugleich ein kalter dialektiſcher Doctrinär und ein glühender Schwärmer für den herkömmlichen Kirchenglauben. Seine Phantaſie war aufgeregt durch Wunder, Legenden, Mythen. Er glaubte an den Zauber der kirchlichen Heilmittel. Seine Weltanſchauung war mit den Bildern eines Weltkampfes erfüllt zwiſchen dem Reiche des Gottes am Kreuze, des Herrn des Himmels, und dem Reiche des Satans auf der Erde. Er wollte dem Gotte eine Schaar auserwählter Krieger und Heiliger, die Compagnie Jeſus als geweihte Hülfstruppe zuführen. Er bildete ſich ein, die „Mutter Gottes" ſei ihm erſchienen und habe ſeinen Entſchluß geſegnet. In der römiſchen Kirche ſah er das verwirklichte Gottesreich. Deshalb ſollten alle Völker und Fürſten ihre Kniee beugen vor dem Papſte, dem Oberhaupte der Welt. Er war beherrſcht von der Vorſtellung, daß die Gegner dieſer Hierarchie gottloſe Menſchen ſeien, welche den ewigen Qualen der Hölle verfallen. Die ſübliche Leidenſchaft des ſpaniſchen Fanatismus und der heftige Haß der römiſchen Reaction wider die deutſche Freiheit ſprühten in ſeiner Seele zu verzehrenden Flammen auf, aber zugleich war er ſchlau und berechnend genug, um den Kampf durch die ſtrengſte militäriſch=religiöſe Disciplin und durch die Benutzung der römiſch=hierarchiſchen Organiſation wirkſamer zu führen.

Mit dem Jahre 1540, in welchem der Papſt Paul III. zuerſt

den Jesuitenorden bestätigte, beginnt jene absolutistische Periode von zwei Jahrhunderten, welche das Mittelalter abschließt. Es war das für den Orden eine sehr günstige Zeit; denn der Jesuitenorden war der rücksichtsloseste und schärfste Ausdruck des absolutistischen Geistes, welcher damals die Welt beherrschte. Niemals in der Weltgeschichte ist das Princip der Autorität absoluter verstanden, niemals der unbedingte Gehorsam unter die Obern energischer gehandhabt und durchgeführt worden, als in der Compagnie Jesus. Die Ideen des Ordens waren sogar damals nicht neu; es war keine Entwicklung, keine Fortbildung der Menschheit darin. Die alte, wankende Papst- und Priesterherrschaft, wie sie das Ideal Gregor's VII., Innocenz' III., Bonifacius' VIII. gewesen war, sollte wiederum und strenger als zuvor hergestellt werden. Das Neue war nur, daß der Orden die Wiederherstellung mit allen, auch mit den neuen Mitteln der Zeit unternahm. Die universelle Herrschaft des Papstes über die Welt setzte daher die Eroberung der Welt durch den Orden voraus. Indem der Orden zunächst die Geister seiner Leitung und Herrschaft unterwarf, und dann vermittelst der Geister auch die Güter und Kräfte der Welt in seine Gewalt bekam, verwirklichte er jenes Ideal. Seine Weltherrschaft und die päpstliche Weltherrschaft flossen so in Eins zusammen. Jede von beiden bedurfte der andern und konnte nur mit der andern bestehen.

Auf dieser innern Sympathie zwischen dem absolutistischen Zeitgeiste und dem absolutistischen Charakter des Jesuitenordens beruhen großen Theils die raschen und großen Erfolge desselben im sechszehnten und siebenzehnten Jahrhundert und in der ersten Hälfte des achtzehnten Jahrhunderts.

Zunächst freilich mußte sich der Orden auf die Romanen stützen, denn er war gegen die Germanen gerichtet. Alle jene Männer, welche zuerst in dem Kloster Montmartre bei Paris zusammentraten und sich durch ein feierliches Gelübde verpflichteten, ihr Leben der höheren Ehre Gottes zu weihen, waren Romanen, vorzugsweise Spanier, wie Ignatius Lojola selber aus Biscaja, Jacob Lainez aus Navarra, Franz Xaver aus Toledo, Nicolaus Bobadilla aus Valencia; Petrus Faber stammte aus Savoyen. Weit die meisten Jesuitengenerale waren Romanen, Spanier, Franzosen, Italiener. Die Deutschen, welche sich früher schon für den Orden gewinnen ließen, nahmen meistens nur eine untergeordnete Stellung ein. Ein einziger Deutscher hat es zur Würde eines Jesuitengenerals gebracht, jener Goswin Nickel, welcher mit dem größten Nachdruck daran mahnte, daß der Orden ein universelles Institut sei, und den Nationalgeist als „den geschworenen Feind des Ordens" verdammte und dem Hasse der Väter Preis gab.¹) Wollte er durch diese Verdammung alles nationalen und daher auch des deutschen Geistes vergessen machen, daß er ausnahmsweise ein Deutscher unter den Wälschen sei! Fürwahr, spanische Bigotterie und römische Herrschsucht sind wesentliche Bestandtheile des Ordensgeistes.

Es kann uns daher nicht befremden, daß der Orden vorzüglich in den romanischen Ländern Europas, in Italien, Frankreich, Spanien, Portugal und ebenso in den romanischen Colonien in Mittel- und Südamerika leichter Eingang fand und Einfluß erwarb, als unter den germanischen Völkern, welche von jeher dem Absolutismus Roms weniger gefügig und deshalb dem Protestantismus geneigter waren.

Aber von Anfang an hat der Orden sein Augenmerk ernstlich auf Deutschland gerichtet. Hier hatte die kirchliche Reform ihren Ursprung genommen. Sie hatte unter den Deutschen ihre Führer und in der deutschen Nation ihre sicherste Stütze gefunden. Daher sollte sie auch voraus in Deutschland bekämpft werden. Lojola selber schickte von Rom aus seine besten Gehülfen nach Deutsch-

---

¹) Epistola de nationali provincialique pernicioso Spiritu in Societate vitando. Im Auszug bei Buß, Die Gesellsch. Jesu, S. 1188.

land, wie Bobabilla, Le Jay, Canisius und andere, und er schon bestimmte den Papst Julius III. in Rom neben dem Collegium Romanum ein Collegium Germanicum zu gründen (1552), in welchem die deutschen Jünglinge durch die Jesuiten zu römischen Priestern erzogen werden sollten. Mit Vorliebe pflegte der Stifter des Ordens dieses Collegium Germanicum, das nach dem passenden Ausdrucke von Buß, dem Lobredner der Jesuiten, wie ein geistiger Polyp sich vermehrte und seine Arme über Deutschland ausbreitete. Da werden den deutschen Schülern im rothen Rock mit schwarzem Gürtel die deutschen Sitten und die deutsche Denkweise ebenso gründlich ausgetrieben, wie einst den in römische Kriegsgefangenschaft gerathenen Söhnen deutscher Helden in den altrömischen Gladiatorenschulen. Da wird ihnen der Geist der römischen Hierarchie und die Verehrung des Papstes als des absoluten Herrn der Welt anerzogen. In dieser Anstalt werden jene Doctores Romani herangebildet, welche die katholische Kirche in Deutschland verwalten und verderben. Zu Ende des achtzehnten Jahrhunderts rühmte sich das Collegium Germanicum einen Papst (Gregor XV.), 24 Cardinäle, 6 geistliche Kurfürsten, 19 andere geistliche Fürsten, 21 Erzbischöfe, 121 Bischöfe und 106 Weihbischöfe erzogen zu haben. Auch von den heutigen deutschen Bischöfen haben viele ihre Bildung in dieser römischen Anstalt erhalten. Von den Interessen und der Wohlfahrt der deutschen Nation ist natürlich in dieser Erziehung keine Rede, so wenig als von deutscher Wissenschaft, deutscher Bildung, deutscher Gesinnung. Die Herrschaft Roms über die Deutschen ist der Grundgedanke der ganzen Abrichtung.

Welche Wirkungen hat nun der Jesuitenorden für Deutschland hervorgebracht? Wir reden hier nicht von seinen Thaten und Unthaten im Einzelnen und Kleinen. Wir betrachten jene Wirkungen nur im Großen und Ganzen, wie sie aller Welt deutlich genug offenbar sind. Es genügt uns an drei unbestreitbare Wirkungen

zu erinnern, welche drei Jahrhunderten angehören, dem sechzehn=
ten, siebenzehnten und achtzehnten, und das Verhältniß des Ordens
zu dem alten deutschen Reiche und der deutschen Nation scharf be
stimmen.

1) **Die kirchliche Restauration des XVI. Jahrhunderts.**

Die deutsche Reformbewegung des XVI. Jahrhunderts hatte
die ganze deutsche Nation im Norden und im Süden und in allen
Stämmen erfaßt. Sie war der Protest des deutschen Gewissens
und der deutschen Freiheit wider die habsüchtige Ausbeutung und
den herrschsüchtigen Druck der römischen Hierarchie. Wohl gab es
wie in allen Wendungen der Geschichte auch in Deutschland An=
hänger der alten Autoritäten und des hergebrachten Cultus, welche
den Neuerungen der Reform mißtrauisch oder abgeneigt entgegen
standen. Aber seit dem Religionsfrieden von 1532 war doch die
Aussicht auf eine friedliche Gestaltung der Verhältnisse für ganz
Deutschland gegeben. Der Adel, die Bürger, und allmählich auch
die Bauern waren von dem Bedürfniß der Reform überzeugt und
in der Mehrheit auch entschlossen, dieselbe durchführen zu helfen.
Ebenso war die Mehrheit der Pfarrgeistlichen für die Reform ge=
wonnen. Sogar einzelne Kirchenfürsten waren bereit, dieselbe zu
fördern. Unter den weltlichen Fürsten war die Hinneigung zu
der Kirchenreform, welche ihnen ebenso nützlich wie innerlich be=
rechtigt erschien, im Wachsthum begriffen. Man rechnet, daß un=
gefähr neun Zehntheile der deutschen Nation der Reform zugethan
waren. In den österreichischen Landesherrschaften war es ebenso,
wie in dem übrigen Deutschland. Auch in dem bayrischen Gebirg
hatte die Reform große Fortschritte gemacht.

Ohne die Jesuiten hätte die deutsche Nation damals schon
Rom gegenüber ihre freie Stellung erworben. Wir hätten eine
nationale deutsche Kirche erhalten. Dem Einflusse der Je=
suiten und ihrer in der That unermüdlichen Thätigkeit ist die

furchtbare katholische Reaction vorzüglich in Oesterreich und im Süden von Deutschland zuzuschreiben, und die confessionelle Verbitterung und Spaltung der Nation.

Die Jesuiten begannen den Kampf mit dem unermüdlichen Glaubenseifer von Fanatikern und zugleich mit der schlauen Berechnung viel erfahrener Diplomaten. Von Anfang an setzten sie ihre Hebel an der richtigen Stelle an. Wir finden sie an dem Hofe des Kaisers Karls V., dessen spanisch-religiöse Bildung sie zu benutzen wußten, wenn gleich der Kaiser ihnen Anfangs mißtraute, bei dem frömmeren Bruder des Kaisers, dem nachherigen König Ferdinand I., und an dem Hofe der bayrischen Herzoge. Sie sind immer mit vortrefflichen Empfehlungsbriefen ausgestattet und bekommen geheime Aufträge der Fürsten an ihre Verwandte. An jedem Hofe gewinnen sie höchstgestellte Frauen, deren Beichtväter und geistliche Rathgeber sie werden. Dann bereisen sie die Höfe der geistlichen Fürsten und verwenden da die Mittel der hierarchischen Autorität, um den Reformern entgegen zu wirken und die Anhänger des Alten zu stärken. Wir begegnen ihnen auf den Reichstagen wie bei den Zusammenkünften der Fürsten. Mit der religiösen verbindet sich in ihnen die diplomatische Thätigkeit.

Sie wissen sich in Bälde der Erziehung vieler vornehmer junger Herrn, dann auch der höher gebildeten Jugend in den Städten zu bemächtigen. Man erstaunt über die ungeheuren Erfolge, welche der Orden in kurzer Zeit macht. Ueberall gründet er Collegien, Stationen, Jesuitenschulen. Wir finden solche innerhalb einiger Jahrzehnte in München, Wien, Prag, Graz, Insbruck, Mainz, Trier, Olmütz, Cöln u. s. w. Nur unter dem Schutze der Fürsten hatte die Reform sich entwickeln können. Mit der Hülfe der Fürsten unternahmen es nun die Jesuiten die deutschen Länder wieder für Rom zu erobern.

Aus den zahlreichen Erscheinungen der Art will ich wenigstens Eine hervorheben, welche wohl geeignet ist, den Charakter aller anderen anschaulich zu machen. Ich meine die Erinnerung an jenen unseligen Erzherzog, späteren Kaiser Ferdinand II.

Die Erziehung des Erzherzogs war von seinen altgläubigen Eltern den Vätern der Gesellschaft Jesu anvertraut worden. Insbesondere wachte die ehrgeizige und glaubenseifrige Mutter, die Erzherzogin Marie, eine geborene Herzogin von Bayern, mit fleißiger Sorge darüber, daß der junge Fürst voraus mit dem Geiste der alten Kirche erfüllt werde. Auf der Universität Ingolstadt, an welche der Herzog Wilhelm von Bayern die Jesuiten berufen hatte, studirte er zugleich mit seinem etwas älteren Vetter, dem Herzog, späteren Kurfürsten Maximilian von Bayern unter der Leitung der Jesuiten. Sogar in der Politik wurde er von einem Jesuiten unterrichtet, und nur den juristischen Unterricht erhielt er von einem Laien. Da bekam sein Geist die Richtung für das übrige Leben. Als das oberste Staatsinteresse und als höchste Pflicht eines Regenten wurde ihm da die Sorge für das Seelenheil der Unterthanen und für den rechten Glauben gelehrt. Er widmete nun sein Leben und die Macht, die ihm von Gott gegeben war, dieser Sorge. Die Unterdrückung der Häresie und die Herstellung der römischen Autorität war das Ideal seines ganzen Strebens.

Bevor er die Regierung seiner Erblande, Steyermark, Krain und Kärnthen antrat, machte er noch eine Wallfahrt nach Rom zu dem Papste und nach Loreto zu dem Bilde der „Mutter Gottes". Hier gelobte er vor dem wunderthätigen Marienbilde, die Sekten und die Sektirer aus seinen Ländern zu vertreiben. Oft erklärte er: er werde „Alles, Land und Herrschaft, Blut und Leben für dieses Ziel einsetzen". Er hielt es für besser, über ein verwüstetes Land und unglückliche aber rechtgläubige Unterthanen, als über ein gesegnetes Land mit glücklichen Bewohnern zu regieren, welche nicht den rechten Kirchenglauben hätten. Zu allen wichtigen Staatsgeschäften zog er seinen Beichtvater zu. Die Jesuiten hatten ihn in diese fanatische und bigotte Richtung gebracht. Sie waren seine liebsten Rathgeber während eines langen Lebens zum Unglück seiner Erblande und von ganz Deutschland.

Ungefähr während eines Vierteljahrhunderts hatten die Steyrischen Landstände den Kampf wider die Jesuiten geführt, wider den Vater und die Mutter des Erzherzogs, zuletzt auch gegen ihn, immer vergeblich. Die Landleute hingen damals großentheils der Augsburgischen Confession an; die protestantische Gesinnung war überall in der Stadt Graz und auf dem Lande verbreitet. Schon in den Siebzigerjahren klagten die Stände: „Seitdem die Jesuiten ins Land gekommen, seien unleidliche Beschwerden entstanden. Seither werden die Protestanten bei dem Landesherrn heimlich verunglimpft, ihnen das Vertrauen entzogen, sie aus Amt und Brod und sogar aus dem Lande vertrieben. Das Vertrauen sei untergraben, die protestantischen Prädicanten werden verfolgt und verjagt. Wenn einer einen Jesuiten nicht günstig ansehe, so müsse er gewärtig sein, daß ihm das durch irgend eine Ungnade des Fürsten vergolten werde. Auf Nichts anderes denken und sinnen die Jesuiten, als wie sie die Protestanten in Elend, Jammer und Noth bringen können. Sie meinen, daß diesen keine Treue und kein Glaube zu halten sei und ihre Verhöhnung und Verdammung der Protestanten nehme kein Ende".[1]

---

[1] Urkunde bei Hurter, Ferdinand II. Bd. I. S. 601:

Beschwerden der Landleute über die Jesuiten.

Nun aber in yeczo ist ein neuer und zwar in diesen Landen unerhörter Orden, welchen man Jesuiter nennt, hereinkommen, was dieselbigen an jetzo albereit für unleidliche beschwärung im Land anrichten, das ist meniglich wissend Dann sider sie ins Land kommen, welches wir, Gott weiß, aus hochgedrungener Noth, ausser des Herrn Bischof zu Seccau vund der anderen Herrn Prelaten gehorsamist anbringen müessen, ein solcher großer mißverstanndt entstanden, das die so unserer Religion der Augs-

(137)

Der Fürst meinte wirklich ein gottgefälliges Werk zu thun,

burgischen Confession verwont sein, die müessen an yeczo in vill weeg allerlay widerwärtigkhait und Verfolgung veberstehen; vill ehrliche Leüth die werden haimlich verjagt, bej Eur Fl. Dl. in Vnglimpffen vnd vngnaden gebracht da ist khain Vertrauen mehr verhannden; Sy nöttigen vnd zwingen yeczt die Leüth mit scharffen Bedroungen; yeczt wierdt einer an bisen, bald an einem andern Orth seiner Aembter entseczt, aus dem Lanndt gesprochen; khain anczaiger oder Parthey ist verhanden, zu khainer ordenlichen verhör khan man dicztals nit khomen; In Suma es will sich anlassen, als ob etwo ein Inquisition im Lanndt angericht werden will. Die itzenigen, so vnserer Religion Verwonte sein, die müssen an yeczo bestwegen, do man sonst khain andere Vrsach hat, von Diennsten vund in ander weg noch gröffere Verfolgung leiden. Man rüesst vnnß offentlich als Kheczer vnnd mit Teüffeln besessen aus, die verhöczen die Cristenliche Obrigkhait wider Ire getrewen Vnterthanen; Inmassen dann der Exempl genueg verhannden, was biser Orden für beschwärliche Hannblung laider an mehr ortten angericht, darburch willen Sie auch an mehr orten, der Römischen Kirchen zuegethon, nit gelitten werden. Die Cristlichen Predicanten werden aus dem Lanndt verjagt, vnd nit gelitten. Item es geschehen einstellung iect biser Khirchen, bald der ordination, so wir Inhalt der Augspurgischen Confession gebürlicher weiß Halten lassen. Wann einer einen Jesuiten nicht recht ansieht, so mueß Er schon gewarttund sein, was Er etwo für neues wider denselben erdichten, vnnd wie Er Ine in vngnaden khan bringen. Dises vnnd anders meer haben die gehorsamisten der Lannde Abgesandten alle sambt Jüngstlich zu Prugg mit schmerczen einander hochgeclagt Und nit vnderlassen, solches alles Euer Fl Dl. in Vnderthenigkhait anzubringen; Wie dann gewißlich: vnd nit anders ist, dann bemelter Jesuiter orden anders nichts wider vnnß, die wir der Augspurgischen Confession Verwondt sein, Dann wie Sy vnnß vnnd die Vnserigen in all ellent, Jamer vnd noth bringen, Tag vnd nacht gebennkhen, damit dieselbigen bej khainem Ambt gelassen, zu khain würden, ehren ober aufnemen khomen; es ist Jnen alles Suspect vnnd verbachtlich; Sie mainen das Vnns khain Zuesag oder Trawen vnnd glauben gehalten solle werden; es ist des Spottens vnd Verbamens bej Jnen khain endt noch maß; Sie verachten die Hochwierdigen Sacrament des Altars, der Tauff; vnnd börffen vnuerschampt offentlich bauon Prebigen, wir sein khain gliber der Cristlichen Khirchen. Wir haben khain Tauff vnd khain Sacrament 2c. Dann so Vnderstehen sie sich die begrebnis Bey der Pharr, benen so es begeren, vnnd von alters heer Jr Begrebnuß vnnd stifften baselbsten gehabt, zuuerwhören, daburch Sie Ja Jr hiziges gemüet besto meer an tag geben, das Sie ehrlichen Leüthen vnnd den Abgestorbenen Cristen das Liebe ertrich nit vergunen.

(388)

indem er die fremden Jesuiten herbeizog und die protestantischen Landeskinder aus dem Lande vertrieb. Man rechnete bis auf 30,000 Menschen, welche das unglückliche Land verließen, in welchem sie nicht mehr Gott nach ihrem Gewissen verehren durften. Die übrigen beugten sich der harten Noth, und kehrten nach dem Ausdrucke des Herzogs Wilhelm von Bayern wieder „in den rechten Schafstall" zurück. In der That, Ferdinand II. hielt sein Gelübde; er eroberte sein Land wieder für die Herrschaft der römischen Kirche. Es kümmerte ihn wenig, daß unsäglich viel Jammer und Elend über die Familien und das ganze Volk hereinbrach, der Wohlstand herabsank, die Arbeitskräfte massenhaft zerstört wurden und alle geistige Frische und Freiheit unterging. Ihm war es wichtiger, daß die Leute wieder zur Messe und zur Beichte gingen, sich bekreuzigten und den Pfaffen dienten.

Mit welchen Mitteln wurde dieses Werk vollzogen? Die fürstliche Gewalt in Gebot und Verbot, die landesherrlichen Soldaten und die Lehre der Jesuiten zusammen vollbrachten diese Rückbildung. Der kaiserliche Biograph Hurter rühmt noch die Milde des Erzherzogs, welcher nicht mit Feuer und Schwert, sondern nur mit Verbannung und Wegweisung gewirkt und nur mit dem Galgen gedroht, nicht an den Galgen gehängt habe. Allerdings die hitzigere Mutter hatte ihn ermahnt, die Prädicanten „flugs aufhängen" zu lassen, wenn sich nach der Wegjagung noch einer in Graz betreten lasse. Aber auch der „milde" Sohn befahl allen protestantischen Predigern, Schulrectoren und Schulbienern innerhalb 8 Tagen bei Lebensstrafe die Erblande zu verlassen.[1]) Das geschah am 23. September 1599; und schon am 28. September, bevor die Frist abgelaufen war, erschien ein neues fürstliches Gebot, daß „die Prädicanten sammt und sonders noch heutigen Tages

---

[1]) Hurter, Ferdinand II. Bd. IV. S. 50. Ueber die Aeußerung der Erzherzogin IV. S. 180.

bei scheinender Sonne die Stadt Grätz und den Burgfrieden verlassen" müssen. Auch der berühmte Astronom Johann Kepler mußte dieser Verfolgung weichen. Nachher wurde ihm zwar ausnahmsweise verstattet, zurückzukehren, aber er durfte nicht lehren und wurde gleich Andern den Bekehrungsversuchen unwissender Mönche unterworfen. Da er sich nicht bekehren ließ, wurde er wieder vertrieben. Nachdem die protestantischen Geistlichen und Lehrer gewaltsam vertrieben waren, wurden die protestantischen Kirchen wieder für den katholischen Cultus hergestellt, den katholischen Priestern übergeben und die Leute mit Gewalt genöthigt den hergestellten Gottesdienst zu begehen. Die Protestanten, welche sich nicht sofort dieser wilden Reaction fügten, wurden aus allen Aemtern gestoßen, und ihren rechtlichen Beschwerden und Klagen jedes Gehör verweigert. Alle protestantischen Druckschriften wurden aufgesucht, weggenommen und öffentlich verbrannt. Als die protestantischen Landstände dem Fürsten vorstellten, er möge doch den Unterschied bedenken zwischen „der ungefärbten Treue und Aufrichtigkeit ihrer allezeit mit beständigem deutschen Männerherzen und Gemüth zugethanen Landleute gegen andere, fremde, friedhässige, schädliche, landesverderbliche Personen, welche unter dem Vorwand der Religion sowohl den Fürsten als die Landstände auszusaugen trachteten" (die Jesuiten), erwiederte der fanatische Erzherzog, er wolle lieber Alles verlieren als von seiner Meinung weichen. Sogar die leidenschaftliche Mutter sah sich veranlaßt, ihrem übereifrigen Sohne einige Mäßigung wenigstens in den Worten zu empfehlen. Die Jesuiten hatten ihr berichtet, Ferdinand habe gedroht, „die Kanonen des Schlosses gegen das Landhaus abbrennen zu lassen", um den Trotz der Landstände zu brechen; und sie bemerkte ihm, solche gefährliche Reden könnten leicht das Volk aufregen.[1]

---

[1] Hurter a. a. O. IV. 187.

Die Art, wie im Einzelnen die Jesuiten verfuhren, wird an der Verfolgung des Predigers Odontius offenbar. Derselbe hatte im Vertrauen auf seinen Patron, einen Herrn von Windischgrätz, es gewagt, in dem Schlosse zu bleiben. Das Schloß wurde aber von Soldaten des Erzherzogs überfallen und der Prediger ins Gefängniß gebracht. Da wurde er nun während Monaten in beständigem Wechsel zwischen der geistlichen Bedrängniß der Jesuiten und den Drohungen des Scharfrichters mit der Folter und dem Tode hin und her gequält. Der Jesuit Scherrer wollte ihn durchaus zur Beichte zwingen und sagte ihm, er könne ihn mit Daumschrauben, Reckleitern und mit dem Scharfrichter dazu nöthigen, worauf Odontius erwiederte: „wenn er doch so große Lust spüre, ihn zu zerreißen, so möge er ihn immerhin ganz fressen". Der standhafte Odontius, der seinen Glauben nicht verläugnete, wurde zum Tode verurtheilt und von dem Landesherrn, dessen Milde auch hier wieder der höfische Geschichtschreiber preist, zur Galeerenstrafe verurtheilt. Es glückte ihm aber auf dem Transporte nach Triest die Flucht.

Mit solchen Mitteln wurde die römische Reaction durchgesetzt. Die Jesuiten als geistliche Rathgeber und Mahner, die Fürsten in ihrem Dienste, die Soldaten, die Scharfrichter und Henkersknechte im Dienste der Fürsten, brachten es zu Wege. Der größere Theil von Süddeutschland, voraus Oesterreich und Bayern, dann die Rheinlande wurden wieder katholisch gemacht. Der Jesuit Barisonius konnte sich mit Grund zu Anfang des siebenzehnten Jahrhunderts rühmen: „Wir regieren in den österreichischen Landen Ferdinands vollständig; in Bayern geschieht Alles nach unserm Willen. Unser General regiert auch in Rom und leitet den Papst".[1]

---

[1] Brief von 1608 bei Harenberg, Geschichte der Jesuiten. Halle 1760. Bd. 1. S. 36: „Provinciae Ferdinando Archiduci subjectae suprema in-

2) Der dreißigjährige Krieg.

Es wäre ein Unrecht, die ungeheure Verschuldung des furchtbarsten Unglücks, welches die deutsche Nation jemals betroffen hat, die Verschuldung des brudermörderischen dreißigjährigen Krieges dem Jesuitenorden allein aufzubürden. Aber es ist notorisch und unbestreitbar, daß die Verhetzungen der Jesuiten einen hauptsächlichen Antheil an jener Verschuldung gehabt haben.

Wiederum ist es der von den Jesuiten angefachte und genährte Bekehrungseifer Ferdinands, welcher den Abfall der Böhmen von dem Hause Habsburg und damit den Krieg veranlaßt. Als Regent von Böhmen wollte er in derselben Weise den Protestantismus ausrotten und die römische Kirche herstellen, wie ihm das in seinen Erblanden gelungen war. Die Böhmen waren gewarnt durch die Grätzer Ereignisse. Sie konnten sich auf den Kaiserlichen Majestätsbrief vom 11. Juli 1609 berufen, in welchem den böhmischen Protestanten die Freiheit ihres Gottesdienstes urkundlich zugesichert war. Aber für den Jesuitenzögling war das Staatsrecht keine Schranke des Glaubenseifers und des Glaubenszwanges, zu dem er sich zur Ehre Gottes nach der Mahnung

---

spectione Societatis nostrae reguntur et vel inde felices sunt, quod omnia Patrum consilio geruntur, sive de dignitate et magistratibus conferendis sive de belli etiam adparatu tractetur. In Bavaria quoque omnia Patrum nostrorum prudentia gubernantur. Ipsaque Transylvania a solo administrata fuit patre Cariglia, qui Deo inserviendo curavit, ut Imperatoris manui et potestati ea subjiceretur. Nonne Galliam et Regem ipsum pater Cotto in praesentiarum gubernat? et in Polonia, non obstante paucorum satis christianorum tergiversatione, Rex sanctitatis nostrae spiritu atque instinctu vivit? In Hispania, Lusitania, Belgio, Italia et Sicilia cui ignotae sunt divitiae et auctoritas, qua pollemus? Sed quid de patre Personio dicam? qui Romae agens, plus autoritatis habet in Anglia, quam rex ipse. Nec Comes ibi est, Marchio aut Praelatus Catholicus, quin pro superintendente aut gubernatore conscientiae suae aliquem ex societate nostra habeat. Ac, ut summatim concludam, Generalis noster, sicut manifestum est omnibus, Romam regit et Pontificatum".

seiner Gewissensräthe verpflichtet fühlte. Gegen die Ungläubigen und Falschgläubigen war nach der Lehre der Väter aus der Gesellschaft Jesu der Vertragsbruch erlaubt, und der Treubruch gegen die Unterthanen war ein Verdienst, wenn derselbe aus Anhänglichkeit und Gehorsam gegen Gott, d. h. gegen die Jesuitenobern, die „Stellvertreter Gottes" geübt wurde.

Die böhmischen Stände folgten einem richtigen Instincte, als sie im Jahr 1818 die Jesuiten aus dem Lande verwiesen. Der innere Friede und die Glaubensfreiheit waren beide unverträglich mit dem Bestande und Wirken des Ordens im Lande. Die Begründung des damaligen von dem neugewählten König Friedrich von der Pfalz bestätigten Beschlusses verdient heute noch Beachtung:

„Die Jesuiten verhetzen die Fürsten wider einander, und erregen unter den Landständen Zwistigkeiten je nach dem Unterschied der Confession, sie reizen die Obrigkeit wider die Unterthanen und diese wider jene auf. Die Könige, welche sich ihrem Winke nicht fügen, geben sie der Mordlust von Missethätern Preis, sie ermuthigen die Verbrecher zur Ermordung der Könige, indem sie ihnen die ewige Seligkeit und die Vermeidung des Fegefeuers in Aussicht stellen. Alte Freunde entzweien sie. Sie erforschen mittelst der Ohrenbeichte alle Geheimnisse. Sie fangen die Gewissen der Menschen in ihren Schlingen und halten dieselben so fest, daß die Leute, ohne ihre Zustimmung, auch nichts Gutes zu thun wagen. Sie haben sich, nach dem Vorbilde der Tempelritter, ungeheure Reichthümer erworben. In die politische Regierung mischen sie sich ein und lehren, daß man denen, welche nicht die römische Religion bekennen und welche als Ketzer schmähen, keinen Glauben und keine Treue schulde. Die Länder Frankreich, England, Ungarn, Siebenbürgen, Venedig, Belgien und andere Königreiche und Fürstenthümer geben darüber offenbares und klares Zeugniß.

Daher kann man die Stifter aller Uebel nicht länger in dem Lande dulden".[1])

Die Böhmen urtheilten richtig, aber sie waren zu schwach, um sich wider das katholische Bündniß Ferdinands mit seinem Vetter Maximilian von Bayern zu behaupten. Der Bayernherzog überragte wohl an Verstand den österreichischen Erzherzog, aber in der Verehrung und Folge der Jesuiten hielt er gleichen Schritt mit diesem. Auch sein Feldherr Tilly wie der größere Wallenstein, der sich später erst dem Einfluß der Jesuiten entzog, und Piccolomini, der die Ermordung des ehrgeizigen Fürsten besorgte, waren Zöglinge der Jesuiten.

Die unglückliche Schlacht am weißen Berge, am 29. Septbr. 1620, überlieferte Böhmen wieder der jesuitischen Reaction. Der

[1]) Das lateinische Decret bei Harenberg a. a. O. I. S. 794. Ein deutsches vom 9. Juni 1618 lautet so:

Böhmisches Dekret vom 9. Juni 1618:

„Wir Herren Ritter, Präger, Kuttenberger und anderer Stände Abgesandte.... wissen insgesammt, in welchen großen Gefahren dieses Königreich Böhmen die Jahre her, seit die scheinandächtige Jesuitensekte allhier eingeführt worden, immerhin gestanden, und wie wir zu unserer und unserer Unterthanen höchster Beschwerde öftere Rebellionen und Aufruhr zu gefährden hatten. Wir haben auch in Wahrheit befunden, daß die Urheber all dieses Unheils obgedachte Jesuiten seien, die sich ganz dahin verwenden, wie sie den römischen Stuhl befestigen, und alle Königreiche und Länder unter ihre Macht und Gewalt bringen mögen; die sich zu solchem Zwecke der unerlaubtesten Mittel bedienen; die Regenten gegen einander verhetzen;.... allenthalben sich der politischen Regimenter anmaassen, und durchgehends die Lehre einführen, daß man demjenigen, der nicht katholischer Religion sei, weder Treu noch Glauben schuldig wäre ... Sie gaben sich, unerachtet der Strafen, die den Verletzern des Majestätsbriefes angedroht waren, ihrerseits doch alle Mühe, gedachten Majestätsbrief in Predigten und Schriften frech zu verlästern und zu verketzern; den Inhalt derselben mit List zu verdrehen, auch die kaiserliche Autorität und Macht zu verringern, indem sie mit aller Vermegenheit behaupteten, seine Majestät wäre nicht befugt gewesen, uns seinen getreuen Ständen und Unterthanen ohne Bewilligung des Papstes gedachten Majestätsbrief zu geben u. s. w.

Orden rächte sich furchtbar für die erlittene Ausweisung. Der protestantische Gottesdienst wurde nun gänzlich unterdrückt, die evangelischen Prediger und Lehrer vertrieben, die Güter des protestantischen Adels confiszirt und unter die Anhänger der Jesuiten vertheilt. Mit der Freiheit des Volkes wurde auch seine blühende Cultur und der Wohlstand des Landes auf Jahrhunderte hin vernichtet.

Während des entsetzlichen Krieges stehen die Jesuiten immer als einflußreichste Räthe und Agitatoren an der Spitze der Leitung. Der Kaiser Ferdinand II. hat alle Zeit einen Jesuiten als Beichtvater und geistigen Urheber seiner Politik zur Seite, erst den Pater Becan, später den gewandten Lämmermann oder Lamormain.

Wenn sich irgend ein Mal eine Aussicht eröffnete zu friedlicher Beilegung des verderblichen Streites, so finden wir jedes Mal die Jesuiten eifrig bemüht, den Frieden zu verhindern. Sie verfolgen immer nur das eine Ziel, Unterdrückung des Protestantismus und Herstellung der absoluten römischen Priesterherrschaft, d. h. ihrer eigenen Herrschaft. Die Leiden des deutschen Volkes, das Unglück des deutschen Landes kümmern sie nichts. Rücksichtslos treiben sie zu Zwang und Gewalt, um ihre Macht aufzurichten.

Nach den Siegen von Wallenstein und Tilly haben sie jenes berüchtigte Restitutionsedict vom 6. März 1629 zu Stande gebracht, welches den thatsächlichen Bestand der Protestanten in Frage stellte, die Reformirten in ihrem Dasein bedrohte und schließlich die Kriegsflamme von neuem anfachte.

Endlich war durch den barbarischen Krieg Deutschland gänzlich erschöpft. Todesmüde und ohnmächtig sehnten sich beide Parteien nach dem Frieden, der nur sehr langsam durch mühselige Unterhandlung zu Stande kam. In Osnabrück wurde mit Schweden und den protestantischen Reichsfürsten, in Münster mit Frankreich und den katholischen Reichsständen Jahre lang verhandelt. Sogar jetzt noch waren die Jesuiten das größte Hinderniß des Friedens. Um keinen Preis wollten sie die Gleichberechtigung der deutschen Protestanten mit den deutschen Katholiken im Reiche zugestehen; denn diese Gleichberechtigung vertrug sich nicht mit der römischen Alleinherrschaft. Was lag ihnen an der Rettung der deutschen Nation vor gänzlichem Untergang? Eher wollten sie Deutschland vernichtet und unter die fremden katholischen Mächte getheilt sehen, als eine protestantische Kirche in Deutschland dulden, die sich ihrer Autorität entziehe.

Der kaiserliche Gesandte, der Graf von Trautmannsdorf, welcher ernstlich für den Frieden arbeitete, hatte vorzüglich ihren störenden Einfluß zu bekämpfen. Als zuletzt doch der Westphälische Friede im October 1648 zum Abschluß gekommen war, welcher den religiösen Frieden aber auch die confessionelle Spaltung auf lange Zeit festsetzte und bekräftigte, und das deutsche Reich zu einem paritätischen Staatenbunde machte, bewogen die Jesuiten noch den Papst dagegen zu protestiren. Ganz nach den Wünschen der Jesuiten erklärte der Papst Innocenz X. in der Bulle „Zelo domus Dei"[1]) den Frieden als „verdammlich und von Rechts wegen null und nichtig"; Niemand sei selbst nicht durch eibliches Gelöbniß gebunden, denselben zu halten.

Ganz Europa erkannte den Frieden an. Nur der Papst und die Jesuiten forderten ewigen Krieg wider die Protestanten. Ihre unversöhnliche Feindschaft wider die ganze Existenz des deutschen paritätischen Reiches war in jenem Protest ebenso unzweideutig ausgesprochen, als in dem Syllabus Errorum von Papst Pius IX.

---

[1]) Die Bulle ist vom 20. Novbr. 1648. Ich führe zum Beleg eine Stelle daraus wörtlich an: Ideoque pacta et conventa illa ipso jure nulla, irrita, invalida, iniqua, injusta, damnata, reprobata, inania, viribusque et effectu vana omnia in perpetuum fore, neminemque ad illorum, et si juramento vallata sint, observantiam teneri u. f. f.

die unversöhnliche Feindschaft des römischen Papstthums mit dem Liberalismus und der Civilisation der modernen Welt.

3) Die classische Litteraturperiode.

Wenden wir unsere Blicke weg von jener traurigen Periode des confessionellen Zwiespalts und des Religionskrieges, welche das deutsche Reich, früher der mächtigste Staat Europas, zu völliger Ohnmacht niederdrückten, und dem glücklicheren Zeitalter zu, in welchem der deutsche Geist seine Wiedergeburt feierte. Vornehmlich in der zweiten Hälfte des achtzehnten Jahrhunderts entfaltet sich in bewundernswürdiger Herrlichkeit eine neue deutsche Litteratur. Große deutsche Dichter erheben sich wie leuchtende Sterne an dem Horizonte des deutschen Geisteslebens und sprechen tiefste Empfindungen und fruchtbarste Wahrheiten aus in edelster Form. Eine Fülle von Geisteswerken ersten Ranges wird geschaffen. Es entsteht eine classische Litteratur, welche keiner anderen der Culturvölker nachsteht, die meisten übertrifft, deren Herrlichkeit so glänzend strahlt, daß die deutsche Nation wohl über der Freude an diesen Werken den politischen Jammer eine Zeit lang vergißt.

Diese deutsche Litteratur war weder auf den Norden noch auf den Süden beschränkt. Um nur an die vier Geistesfürsten jener Zeit zu erinnern, Lessing und Herder sind Norddeutsche, Schiller und Göthe sind Süddeutsche. Fast alle deutschen Stämme sind in ihr würdig vertreten.

Der deutschen Dichtung tritt ebenbürtig an die Seite die deutsche Wissenschaft. Auch sie arbeitet für die Menschheit. Verjährte Irrthümer werden weggeräumt, alte Wahrheiten gereinigt, neue Wahrheiten entdeckt. Auch die deutsche Wissenschaft bringt unsterbliche Werke hervor. Die Nation erkennt ihren Geist wieder und bildet ihn in deutscher Sprache aus.

Wenn wir aber diese geistige Wiedergeburt der deutschen

Nation näher betrachten, so drängt sich uns die auffallende, nicht zu bestreitende Thatsache auf: Alle Bahnbrecher und alle Heroen sowohl der Litteratur als der Wissenschaft gehören dem **protestantischen Deutschland** an. Das katholische Deutschland, die Hälfte der Nation, hat auch **nicht Einen namhaften Vertreter** aufzuweisen.

Wie erklärt sich denn diese für das katholische Deutschland beschämende Thatsache? Sicher nicht aus einer verschiedenen Begabung der Natur. Wir haben keinen Grund anzunehmen, daß die katholischen Kinder talentlos und geistlos geboren wurden, daß Gott ausschließlich die protestantischen Kinder mit reichen Gaben des deutschen Gemüthes und Geistes ausgestattet, die katholischen zur Unfruchtbarkeit verurtheilt habe. Unter den deutschen Dichtern der mittelalterlichen Blüthezeit finden wir Oesterreicher und Bayern in der ersten Reihe.

Der einzige Erklärungsgrund ist der Gegensatz der Erziehung und des Unterrichts. In dem katholischen Deutschland war die Erziehung und die Schule der Leitung der Jesuiten anvertraut. Statt die geistigen Anlagen der katholischen Jugend zu wecken und zu entwickeln, haben sie dieselben niedergedrückt und zerstört. Die Erziehung der Jesuiten war nicht auf geistige Freiheit, sondern auf **geistige Knechtschaft** gerichtet. Den Gehorsam unter die Hierarchie in die jugendlichen Herzen einzupflanzen, war ihr Hauptbestreben; und das nannten sie Religion. Die kirchlichen Ceremonien und die Beichte waren ihnen werthvoller als die Uebungen im Denken. Wenn sie den Ehrgeiz aufregten und stachelten, so wurde als Ziel dieses Ehrgeizes auf die Herrschaft der römischen Kirche über die Welt hingewiesen. Das Wissen wurde nur geschätzt, wenn es der kirchlichen Autorität diente; das weltliche Wissen wurde wenig geachtet. Es mußte sich in den herkömmlichen Schranken der Ueberlieferung bewegen und vor dem Aberglauben seine Kniee beugen. Die Kritik schien gefährlich für den kirchlichen Gehorsam, und war im Geruch der Ketzerei. Der Katechismus war das wichtigste Lehrbuch. So wurde die Urtheilskraft gelähmt, der Wahrheitssinn verkümmert, das Gewissen gefesselt. Der allgemeine Bildungsstand in den katholischen Ländern wurde in der Tiefe zurück gehalten, während er in dem protestantischen Deutschland emporstieg.

Jene Thatsache also bezeugt unwiderleglich die schwere Verschuldung des Jesuitenordens an dem Geiste der deutschen Nation. Soweit die Jesuiten herrschten, waren die Deutschen zu geistiger Unfähigkeit und geistiger Unfruchtbarkeit verdammt. Nur wo die Jesuiten nicht die Erziehung leiteten, entfaltete sich das freie und fröhliche Leben des deutschen Geistes, und brachte reiche Werke der Kunst und Wissenschaft hervor.

Freilich rühmt sich der Jesuitenorden seines wissenschaftlichen Strebens und seiner wissenschaftlichen Leistungen. In der That gibt es eine ziemliche Anzahl von Jesuiten, welche fleißige Studien machten. Viele Jesuiten sind als gelehrte Schriftsteller aufgetreten, einige Jesuiten haben sogar einen wissenschaftlichen Namen auch für weitere Kreise erworben. Ich erinnere nur beispielsweise an Canisius, Bellarmin, Suarez, die Bollandisten, Alvarez, und an den heutigen Perrone. Es gibt ganze große Bibliotheken von Jesuitenbüchern und Jesuitenschriften, in allen Formaten, massenhafte schwere Werke in Foliobänden, wie ganze Scharen kurzlebiger und leichter Flugblätter.

Aber all' der Fleiß, all' das Streben der Jesuiten, auch eine wissenschaftliche Bedeutung zu erringen, war mit geistiger Unfruchtbarkeit wie mit einem Fluche belastet. Die wissenschaftlichen Arbeiten der Jesuiten haben die Menschheit nicht erquickt und ihr Geistesleben nicht gefördert. Die Welt hat den Jesuiten keine Befreiung von alten Irrthümern und Vorurtheilen, keine Entdeckung und Klärung neuer Wahrheiten zu verdanken. Die Bibliotheken von Jesuitenbüchern haben für Europa keinen höheren

Werth als die Bibliotheken der buddhistischen Mönche und Theologen für Asien. Die Erkenntniß der Wahrheit sucht nicht da ihre Waffen noch ihre Belehrung.

Die Wissenschaft der Jesuiten kennt das Vertrauen nicht in den menschlichen Geist, daß er durch vorurtheilsfreie, gewissenhafte Prüfung Irrthum und Wahrheit zu unterscheiden vermöge. Sie geht im Gegentheil von der unbestrittenen Autorität des mittelalterlichen Papstthums aus und wagt keinen Schritt außerhalb des Gängelbandes, an welches der mittelalterliche Glaube und Aberglaube sie gebunden halten. Ihr ganzes Streben ist dem Dienste dieser herkömmlichen Autorität geweiht. Sie will nur eine Dienstmagd der Kirche, nicht eine freie Priesterin der Wahrheit sein. Einer solchen Wissenschaft fehlt geradezu Alles, was die Wissenschaft ehrwürdig und fruchtbar macht. Sie verdient den Namen der Wissenschaft nicht. Die theologische Rechthaberei und die theologische Streitsucht können dabei wohl ins Kraut schießen, die Erkenntniß der Wahrheit gewinnt Nichts dadurch.

Ueberschauen wir nochmals die drei großen Wirkungen des Jesuitenordens für Deutschland. Im sechszehnten Jahrhundert die gewaltsame römisch-katholische Reaction und Restauration und die Steigerung des confessionellen Zwiespalts; im siebenzehnten Jahrhundert der confessionelle Krieg bis zum Ruin des deutschen Wohlstandes, der deutschen Cultur und der deutschen Macht; im achtzehnten Jahrhundert die geistige Impotenz und Verfimpelung der katholischen Hälfte der deutschen Nation in Folge des Unterrichts und der Erziehung der Jesuiten.

Ich denke, jede dieser drei Wirkungen war verderblich genug für das deutsche Reich und die deutsche Nation, und rechtfertigt, schon für sich allein, daß dem Jesuitenorden jede weitere Wirksamkeit in Deutschland untersagt werde.

Nicht anders waren die Erfahrungen auch in dem romanischen und ausschließlich oder doch vorherrschend katholischen Europa.

Endlich empörten sich überall die katholischen Fürsten und Staatsmänner wider die verderbliche Sekte. Der Orden wurde 1759 aus Portugal, 1767 aus Spanien und Frankreich vertrieben. Zuletzt hob der Papst Clemens XIV. durch das ausführlich begründete Breve Dominus ac Redemptor noster vom 21. Juli 1773 den Jesuitenorden für alle Zeiten auf und untersagte zum voraus die Wiederherstellung des Ordens.

Nur ungern hat der Papst, gedrängt von den bourbonischen Fürsten, den Orden aufgehoben, der so unverdrossen und eifrig für die päpstliche Autorität gearbeitet und gestritten hatte; um so sorgfältiger und ausführlicher gibt er der Welt Rechenschaft von den Gründen seiner schließlichen Verurtheilung. Er lobt den ursprünglichen Zweck der Stifter des Ordens, die Förderung des Seelenheils, die Bekehrung der Ketzer und Ungläubigen, die Förderung der Religion und Frömmigkeit. Aber er macht gleichzeitig aufmerksam, daß schon aus den päpstlichen Privilegien und Gnaden, mit denen der Orden begünstigt worden, die deutlichen Spuren zu erkennen seien jenes Geistes der Zwietracht und der Eifersucht, welcher von Anfang an die Gesellschaft Jesu in ihrem Innern und mehr nach Außen „gegen andere Orden, gegen die Weltgeistlichkeit, gegen Akademien, Universitäten, öffentliche Schulen, ja sogar gegen Fürsten" aufgeregt habe. Niemals seien die Klagen wider den Orden verstummt; in allen Zeiten habe man ihnen vorgeworfen, daß sie „den Frieden und die Ruhe der Christenheit stören". Oeftere Klagen haben ihre „unersättliche Gier nach irdischen Gütern" betroffen. Als selbst eine Congregation der Gesellschaft sich genöthigt gesehen, ihre Genossen von der Einmischung in politische Angelegenheiten und in die Staatsverwaltung abzumahnen, habe auch diese Warnung sich unwirksam gezeigt. Auch nachher wieder haben die Jesuiten heftige Streitigkeiten, Unruhen, Zwiespalt und Empörungen auch in den katholischen Staaten hervorgerufen. Deshalb und „da es unmöglich ist, daß, so lange die Gesellschaft besteht, der wahre und dauerhafte Friede in der Kirche wieder hergestellt werden kann, hebt der Papst die besagte Gesellschaft auf und löscht sie aus sammt allen ihren Aemtern, Diensten und Verwaltungen, ihren Häusern, Schulen, Collegien, Hospitien und Versammlungsorten, ihren Statuten, Gebräuchen, Gewohnheiten, Decreten und Constitutionen, ihren Privilegien und Indulten. Er erklärt, daß alle Gewalt des Generals, der Provinzialen, Visitatoren und Vorstände der Gesellschaft, sowohl in geistlichen als in weltlichen Dingen, für immer vernichtet bleiben soll". Auch als Lehrer in der Schule dürfen die Jesuiten nicht mehr verwendet werden, wenn sie nicht jenen Streitigkeiten und lockern Lehrmeinungen gänzlich entsagen und sich die Einigkeit der Schule und die Ruhe des Staates wollen anempfohlen sein lassen.

Mit diesem Spruche des Papstes war die Verurtheilung des Jesuitenordens auch innerhalb der katholischen Kirche vollendet. Die Kirche und die Staaten hatten gemeinsam ihr Schuldig erklärt. Die Völker jubelten über die Aufhebung des Ordens wie über eine Reinigung der Moral, eine Befreiung der Geister, die Beseitigung einer Lebensgefahr für die Ruhe der Familien und den Frieden der Welt.

5. Die Wirksamkeit des wieder hergestellten Ordens.

Trotz der weltgeschichtlichen und weltgerichtlichen Verurtheilung des Jesuitenordens wurde derselbe doch wieder in unserem Jahrhundert hergestellt. Unmittelbar nachdem der Papst Pius VII., hauptsächlich in Folge der Siege nichtkatholischer Mächte über das katholische Frankreich, in Rom wieder eingezogen war und neuerdings Besitz von dem restaurirten Kirchenstaate ergriffen hatte, schon am 17. August 1814 restituirte der Papst auch den Jesuitenorden durch die Bulle: „Sollicitudo omnium ecclesiarum". Er nannte darin die Jesuiten die bewährten Ruderer, welche das Schiff Petri durch die Brandung führen. Die Welt hatte ihr ungünstiges Urtheil über die Jesuiten nicht geändert. Aber ihr Abscheu vor den Gräueln der näheren französischen Revolution hatte ihre Erinnerung an die älteren Verbrechen der Jesuiten in den Hintergrund gedrängt. Der allgemeine Haß gegen die Revolution, welcher die Kriegsleiden zur Last geschrieben wurden, und gegen den Kaiser Napoleon, welcher die Freiheit der Völker schwerer zu bedrücken schien, ließ die römische Restauration in einem romantischen Lichte erscheinen. Man duldete die Herstellung des Ordens in der stillen Hoffnung, daß nun der Friede der Welt gesichert sei und daß selbst die Jesuiten diesen Frieden nicht wieder stören würden. Man hielt den Orden für nicht mehr gefährlich. Manche Regierungen meinten sogar, durch die Jesuiten, als die Vertreter der absoluten Autorität und des blinden Gehorsams, werde das Prinzip der Autorität überhaupt gestärkt und die Völker auch zu dem Gehorsam unter die obrigkeitliche Gewalt erzogen. Sie übersahen in ihrem legitimistischen Eifer, daß die Autorität, für welche der Jesuitenorden arbeitet, die Fürsten wie die Völker zu Sclaven Roms macht, daß jene Autorität Priesterherrschaft über die Welt bedeutet und daß damit die Freiheit der Staaten und die Hoheit der Fürsten so wenig verträglich ist als die Freiheit der Wissenschaft. Die Welt billigte die Wiederherstellung nicht. Einige katholische Fürsten, sogar der Kaiser Franz I. von Oesterreich, erhoben Bedenken dagegen. Aber sie ließ die römische Reaction, die Achseln zuckend, gewähren.

Es sind noch nicht sechzig Jahre seit der Wiederherstellung verflossen. In dieser Zeit haben wir die erneuten Wirkungen des Ordens erfahren. Wir wissen, daß er derselbe geblieben ist, der er früher gewesen, und wir werden wieder dieselben verderblichen Wirkungen desselben gewahr, welche die frühere Verurtheilung des

Ordens begründet haben. Der Orden, von der Kirche begünstigt, hat wieder sehr rasche Fortschritte gemacht. Er hat vielleicht die Hälfte der 22000 Mitglieder, die er 1760 gehabt hatte, erreicht. Er hat sich wieder an einer ganzen Reihe von europäischen Fürstenhöfen und auf einer Menge von abeligen Schlössern eingenistet. Ein großer Theil der vornehmsten Jugend wird durch ihn erzogen und verdorben. In einer Hauptbeziehung ist seine Wirksamkeit größer sogar als in den letzten Jahrhunderten. Er hat mehr als je die kirchliche Hierarchie in seinem Sinne umgebildet, und die katholische Kirche mit seinem Geiste erfüllt. Er herrscht vollständiger als früher im Vatican, und beherrscht absoluter als früher die Bischöfe und den gesammten Klerus.

Die neue Zeit, in der ein jugendlich frischer Geist weht, ist freilich dem Jesuitenorden nicht so günstig, wie die letzten, absolutistisch geneigten Jahrhunderte es gewesen. Wo immer daher politische Mächte sich mit den Jesuiten verbündet hatten, da sind sie untergegangen. Die gepriesene Allianz zwischen Thron und Altar hat eine ganze Reihe von Fürsten und Fürstinnen vom Throne gestürzt. König Karl X. von Frankreich, König Ferdinand von Neapel, die Königin Isabella von Spanien, der Großherzog von Toscana, die Herzoge von Modena und Parma haben das erfahren. Sogar der Papst selber hat das Regiment im Kirchenstaate verloren, weil er es vorzog, dem Rathe der Jesuiten zu folgen und mittelalterliche Reactionspolitik zu treiben, als sich mit der nationalen Politik der Italiener zu versöhnen. Der Jesuitenorden, selber ein restaurirtes Erzeugniß der Vergangenheit, ist zum Todtengräber geworden derer, welche die Vergangenheit restauriren wollten, anstatt dem neuen Leben zu vertrauen. An dem Jesuitenorden hat sich das Wort Jesu bewährt: „Lasset die Todten ihre Todten begraben".

Aber so sehr sich in dieser Hinsicht ein deutscher Liberaler der politischen Wirkung der Jesuiten erfreuen mag; im Hinblick auf den Frieden im deutschen Reiche und den Fortschritt der Menschheit müssen wir doch wünschen, daß der restaurirte Todtengräber sobald als möglich seinen Todten ins Grab nachfolgen und der ganze mittelalterliche Spuk verschwinden möge.

Vor einem Menschenalter noch wußte man in Deutschland wenig mehr von dem Gegensatze der Confessionen. In dem bürgerlichen Verkehr, in den Gemeinden, in den Ständekammern und in der Volksvertretung fragte man nicht mehr nach dem religiösen Bekenntniß und nicht nach der Kirche, der Einer angehöre. Protestanten und Katholiken fühlten sich als Genossen Einer Gemeinde und erkannten sich als Glieder Eines Volkes. Seitdem der Geist des Jesuitenordens wieder in der katholischen Kirche mächtig geworden ist, klaffte der confessionelle Zwiespalt wieder schroffer auf. Die gemischten Ehen in Deutschland, die Früchte der nationalen Einigung der verschiedenen Confessionen in der Familie, wurden nun als Bastardehen geschmäht und der kirchlichen Bedrängniß ausgesetzt. In der Predigt und im Beichtstuhle durch die Jesuitenpresse und die katholischen Vereine wurden die confessionellen Vorurtheile und Leidenschaften wieder planmäßig aufgereizt. Wieder wie im sechszehnten Jahrhunderte arbeiteten die Jesuiten an der confessionellen Verhetzung und suchten die Eine deutsche Nation zu spalten und zu selbstmörderischer Feindschaft zu erziehen.

Wieder wie im sechszehnten Jahrhundert unternehmen es die Jesuiten, die Seele künftiger Herrscher als Lehrer zu ihrem Dienste auszubilden und die Schwächen der Fürsten als Beichtväter auszubeuten. Dem gegenwärtig regierenden Kaiser von Oesterreich wurde in seiner Jugend von den jesuitischen Erziehern beständig jener fluchwürdige Ferdinand II. als das Ideal eines katholischen Fürsten und eines echten Habsburgers gepriesen und dem Erben eines mächtigen Kaiserthrones als das Vorbild seines eigenen Lebens bezeichnet. Das Oesterreichische Concordat mit dem päpst-

lichen Stuhle von 1855 und die heftigen Schwankungen zwischen
klerikaler und moderner Richtung, in welche von Zeit zu Zeit
die österreichische Politik geräth, beweisen, daß die Mühen der
Väter aus der Gesellschaft Jesu nicht erfolglos blieben, und ihr
Einfluß am Hofe und in dem Centrum der Reichsregierung nicht
wirkungslos war. Wenn in unserm Jahrhunderte es nicht mehr
möglich ist, die Protestanten mit derselben grausamen Gewalt zu
unterdrücken, wie das vor dem dreißigjährigen Kriege durch Fer=
dinand II. geschehen ist, so ist der Grund nicht der, daß die Je=
suiten sich inzwischen ermäßigt haben und duldsamer geworden
sind, sondern der, daß die gesammte Fortbildung des Staatsrechts
und des bürgerlichen Rechts und die heutige Civilisation einem
so heftigen Vorgehen unübersteigliche Hindernisse in den Weg
legen. Soweit die Unterdrückung der Andersgläubigen noch heute
möglich ist, so weit wird sie von dem Orden mit aufrichtigem
Fleiße angestrebt.

Ebenso finden wir die geisttödtende und culturfeindliche Wir=
kung, welche der Jesuitenorden im achtzehnten Jahrhunderte zum
Verderben der katholischen Bevölkerung geübt hat, in unserer Zeit
wieder. Die Zöglinge der Jesuitenschulen werden wie früher in
Unwissenheit erhalten über die Werke der classischen deutschen Lit=
teratur und der modernen Wissenschaft. Für sie haben Lessing
und Herder, Göthe und Schiller vergeblich gelebt. Ihre ganze
Bildung wird heute noch von der scholastischen Theologie des
Mittelalters beherrscht. Wissenschaftliches Denken gibt es nicht,
so wenig als wissenschaftliche Freiheit. Die Wissenschaft der Je=
suiten ist eine Magd, im Dienste der kirchlichen Autorität. Sie
darf nicht gehen, wohin sie will, nicht nach Wahrheit suchen, wo
sie Wahrheit zu finden hofft. Sie muß gehorchen, sie darf nicht
prüfen.

Die öffentlichen Schulen werden glücklicher Weise nicht mehr
wie früher von den Jesuiten geleitet, aber sie haben sich doch auch

da an vielen Orten und sogar unter dem Schutze mancher Regierung einzuschleichen gewußt und mittelbaren Einfluß zuweilen als Schulaufseher erreicht. Am meisten ist es dem Orden gelungen, auf die theologischen Facultäten einzuwirken und sich der Priesterseminare zu bemächtigen. Wo immer auf einer deutschen Universität ein katholischer Theologe sich erkühnte, wissenschaftlich zu denken, da wußten die Jesuiten die Bischöfe und den Papst gegen ihn aufzustacheln. In Bonn haben sie Hermes, in Wien Günther, in Freyburg Hirscher, in Breslau Balzer, in München Frohschammer verfolgt und zuletzt noch den größten katholischen Theologen der Gegenwart, den greisen Döllinger mit dem Kirchenbanne belegt.

Wenn wir im Garten bemerken, daß die blühenden Erdbeerpflanzen auf einmal ihre Blätter senken und die Blüthen trauern, dann suchen wir nach der Ursache dieses Verkommens; und wenn wir nachgraben, dann finden wir im Dunkel der Erde den Engerling, der die Wurzeln der Pflanze abgenagt hat. Ganz ebenso ist es, wenn wir in den Gärten der Geistescultur, an den Universitäten wahrnehmen, daß die Männer der Wissenschaft ihre Köpfe senken und traurig verstummen. Wir brauchen nur wenig nachzugraben, um die Spuren der Jesuiten zu entdecken, welche im Verborgenen die Lebenswurzeln der akademischen Freiheit zerschnitten haben.

Auch edle Menschen erliegen nicht selten dieser feindlichen Macht. Unter vielen Beispielen will ich nur Eines aus meiner Lebenserfahrung herausgreifen, das recht deutlich zeigt, wie furchtbar und wie verderblich der Geist des Ordens wirkt. Der Abt Haneberg in München, zugleich Professor in der theologischen Facultät, ist ein gläubiger, aber keineswegs zelotischer Christ, ein von Natur Wahrheit liebender Mann, von humaner Gesinnung und reich ausgerüstet mit wissenschaftlicher Erkenntniß. Er liebt die Menschen, ist wohlwollend in seinem Urtheile über Andere, er hat ein Verständniß für das geistige Leben der Gebildeten. Seine Religiosität sprudelt wie ein frischer Quell aus dem Herzen. Oft hat er Verfolgte geschützt und durch seine Predigten, die ein lauteres Christenthum athmeten, und sich von confessioneller Streit- und Verdammungssucht rein hielten, oft auch Protestanten wie Katholiken angezogen und erbaut. Dieser Mann kennt aus der Geschichte und aus eigener Lebenserfahrung die Herrschsucht Roms und die Schliche und Ränke der Jesuiten. Und dennoch sogar ein solcher Mann erwies sich, als er von den in Rom siegreichen Jesuiten durch das Organ des Papstes und des Bischofs genöthigt wurde, zu wählen zwischen Gehorsam gegen die Autorität der Kirche und der persönlichen Ueberzeugung, zwischen Kirchenthum und Christenthum, zu schwach, um sich gegen jene Autorität für die christliche Wahrheit zu entscheiden. Sicherlich nach einem schweren inneren Seelenkampfe ergab sich der bescheidene und fromme Mann der Herrschaft Roms und überwand nun auch das Gefühl der Scham, um dem Geheiß der Hierarchie folgend wider seinen Freund und Collegen Döllinger in der Facultät aufzutreten und dessen Ausschließung zu verlangen. Wenn sogar solche Männer in der Stunde der Prüfung zu Falle kommen, was dürfen wir denn von den Tausenden und Hunderttausenden erwarten, deren Urtheilsfähigkeit nicht ausgebildet ist und welche der hergebrachten Autorität der römischen Kirche durch Erziehung und Gewohnheit unterworfen sind? An dem tiefen und schweren Falle Haneberg's, den Gott ihm verzeihen möge, wird die geisterbrechende Macht des Jesuitenordens in ihrer furchtbaren Gewalt sichtbar.

Der erneuerte Jesuitenorden hat sich des ganzen Klerus in einem Grade zu bemächtigen gewußt, welchen der frühere Jesuitenorden auch in seinen glänzendsten Zeiten nicht erreicht hatte. Der Papst Pius IX., zu Anfang seiner Regierung noch mißtrauisch gegen die Jesuiten, hat sich ihnen völlig ergeben. Seine Encyclica sammt Syllabus von 1864 ist getränkt von den Lehren des

Jesuitenordens, und hat seine echten Ausleger und Vertreter in den Jesuiten gefunden. Die Civilta Cattolica ist das Organ zugleich des Jesuitenordens und des Papstes. Das Vaticanische Concil von 1869/70 ist das Werk und das Werkzeug des Ordens; das neue Dogma der Unfehlbarkeit des Papstes ist der höchste Trumpf, den der Orden auszuspielen hatte, und das hochmüthigste Wort, das er der verblüfften Welt ins Angesicht schleudern konnte. Auch die deutschen Bischöfe, die in Rom noch, sei es aus einem Rest von deutscher Wahrheitsliebe, sei es aus Schlangenklugheit, gewagt hatten, dem Jesuitenorden eine schüchterne Opposition zu machen und dem übermüthigen Dogma zu widersprechen, haben vor dem Erfolge des Jesuitenordens und vor dem verwegenen Gebote Roms ihre Kniee gebeugt und verfolgen heute in Deutschland die katholischen Priester und Lehrer, welche so denken und sprechen, wie sie selber in Rom gedacht und gesprochen haben. Vor 100 Jahren noch waren die deutschen Bischöfe großen Theils offene Gegner des Jesuitenordens, heute drängen sie sich um die Wette herbei, um dem Jesuitenorden ihre Huldigung zu bezeugen. So jammervoll und unwürdig sind die heutigen Zustände der Hierarchie in Deutschland.

Sogar die verderbliche Wirkung des Jesuitenordens auf den confessionellen Krieg des siebzehnten Jahrhunderts wiederholt sich im neunzehnten Jahrhundert. An dem deutsch=österreichischen Kriege von 1866 hat er auch seinen heimlichen Antheil gehabt; wenn er es nicht wieder zu einer Erneuerung des dreißigjährigen Krieges in Deutschland gebracht hat, so fehlte es sicher nicht an seiner Neigung und Anreizung dazu, aber die Macht der modernen Cultur und der modernen Politik erwies sich stärker als sein Wille und seine Mittel.

Um so eifriger hat der Orden daran gearbeitet, der deutschen Nation von außen her Feinde zu erwecken. Noch sind nicht alle Ursachen enthüllt, welche den französisch=deutschen Krieg von 1870/71 vorbereitet und hervorgebracht haben. Aber es ist heute für den Instinct der Völker wie für die Beobachtung der Politiker kein Geheimniß mehr, daß der Jesuitenorden seinen ganzen Einfluß einsetzte, um den Hof des Kaisers Napoleon und die französische Regierung zu dem Kriege anzureizen, welcher der Proclamirung der päpstlichen Unfehlbarkeit unmittelbar folgte und bestimmt war, die Ueberlegenheit der romanischen Rasse über die germanische zu bewähren und den Sieg des Papstthums über die protestantische Macht der Deutschen herbei zu führen. Es war eine verdiente Strafe für den Orden wie für seinen Verbündeten, den Papst Pius IX., als die deutschen Siege den Italienern die Macht verliehen, die Stadt Rom von der Priesterherrschaft zu befreien.

Auch heute wieder, wenn irgendwo Verschwörungen gegen das deutsche Reich angezettelt werden, sind sicher immer die Jesuiten im Dunkeln geschäftig, um dieselben zu fördern. Dieser feindseligen Politik des Ordens gegen Deutschland gegenüber bedeutet es nichts, daß einzelne Jesuiten während des Krieges als Krankenpfleger auf den Schlachtfeldern und in den Lazarethen gelegentlich gute Dienste geleistet haben. Nicht die Individuen sind gefährlich, nur der feindliche Heereskörper ist eine Gefahr für das deutsche Reich.

Die unversöhnliche Feindschaft des Ordens gegen das deutsche Reich ist nicht allein durch die geschichtliche Erfahrung erwiesen. Sie folgt aus der Natur beider Mächte, die unmöglich mit einander im Frieden leben können. Das deutsche Reich verwirklicht das Streben der deutschen Nationalität nach Selbstständigkeit und freier Entfaltung ihrer Kräfte. Dem universellen Geiste des Ordens aber ist der nationale Geist wie eine Pest verhaßt. Am aller meisten verhaßt dem Orden ist der deutsche Geist, welcher seine Freiheit auch gegen Rom behauptet und die päpstliche Weltherrschaft bestreitet, für welche der Jesuitenorden alle seine Kräfte anstrengt. Das deutsche Reich verbürgt und entwickelt den mobernen Staat und der Jesuitenorden will im Gegentheil das mittelalterliche Priesterreich wieder herstellen. Das deutsche Reich sichert die Völkerfreiheit und der Jesuitenorden verlangt die Völkerknechtschaft. So lange das deutsche Reich besteht, welches die verschiedenen Confessionen friedlich einigt, so lange ist das Streben des Jesuitenordens nach Glaubenseinheit und Glaubenszwang erfolglos. Wenn ein deutscher Kaiser aus dem Hause Hohenzollern regiert, das seit Jahrhunderten der päpstlichen Vormundschaft entwachsen ist und auch in geistigen Dingen die Freiheit ehrt und schützt, so ist es dem Jesuitenorden nicht möglich, sein Ideal eines die Welt beherrschenden Jesuiten-Generals und Papstes zu verwirklichen.

Wir dürfen daher von dem Jesuitenorden nichts anderes erwarten, als fortgesetzte Feindschaft gegen das deutsche Reich. Wenn er seinerseits auf Zerstörung des deutschen Reiches mit aller Macht arbeitet, so handelt er nur seiner Natur und seinen Prinzipien gemäß. Aber es wäre eine kindische Naivität, wenn das deutsche Reich diese feindliche Macht in seinem Innern sich festsetzen und ausbreiten ließe, statt sie aus dem Körper auszustoßen, dem sie fremd und feindlich entgegen steht.

Der Jesuitenorden hat kein nationales Recht und kein staatliches Recht zu bestehen, denn er ist sowohl der Feind der nationalen Freiheit als des modernen Staates. Aber er behauptet ein göttliches Recht des Bestandes und Wirkens zu haben. In der That die Einbildung, daß die Compagnie Jesu in vorzüglichem Sinne die Herrlichkeit Gottes zu erhöhen berufen sei, in majorem Dei gloriam gegründet sei, war in der Seele der Stifter des Ordens sehr mächtig. Der Glaube, daß der Orden Gott wohlgefällig sei, wirkt fort in den Gemüthern vieler begeisterter Jesuiten. Dieser Glaube stärkt sie und hält sie aufrecht, wenn zuweilen das Gefühl des verfehlten Lebensweges und die Reue über die verlorenen Güter der Familie, des Vaterlandes, der Civilisation sie erfaßt. Der Jesuitenorden beruft sich alle Zeit auf den Willen Gottes, den er vollziehe. Die absolute Autorität, die der Jesuiten-General behauptet, ist in den Augen der Mitglieder des Ordens die Autorität Gottes. Die mystische Vorstellung, daß der Jesuiten-General mit Gott in einem engeren Rapporte stehe, und daß die Fürbitte des heiligen Ignatius bei Gott in besonderem Grade wirksam sei, wird den Jesuiten-Zöglingen tief eingeprägt und durch wunderbare Legenden bekräftigt.

Nun beweist aber der ganze Gang der Weltgeschichte und insbesondere der unaufhaltsame Verfall aller mittelalterlichen Gebilde und der Aufgang des modernen Staates und der freien Wissenschaft in unserm Jahrhundert, die doch ohne Gott auch nicht zu erklären sind, gegen jenen Glauben der Jesuiten und stellt denselben als einen thörichten Aberglauben dar. Das constante Unglück, welches die politischen Pläne des Jesuitenordens fortwährend verfolgt, läßt doch nicht auf eine besondere Gunst der göttlichen Weltleitung schließen, welche den Jesuiten förderlich sei. Wer freilich mit dem Jesuitengönner, dem Bischof Senestrey von Regensburg, meint, das Unglück Oesterreichs im Kriege von 1866 erkläre sich daraus, daß der Kaiser von Oesterreich dem Oesterreichischen Concordate mit dem päpstlichen Stuhle nicht treu geblieben sei, und die Niederlage Frankreichs im Jahre 1870/71 sei lediglich die Folge davon, daß Napoleon III. die französischen Truppen aus Rom weggezogen und den Papst und den Jesuiten-General dadurch den Italienern Preis gegeben habe, mit dessen Urtheilsfähigkeit und Geschichtskunde ist nicht zu rechten.

Das Schicksal hat aber noch deutlicher gesprochen, wie wenn es die abergläubische Selbsttäuschung der Jesuiten und ihre Täuschung der Glaubenseinfalt Anderer gründlich zerstören wollte. Wenn der heilige Ignatius an dem himmlischen Hofe irgend einen Einfluß hätte und ein Günstling Gottes wäre, so hätte doch sicher das Schicksal nicht den 18. Januar, d. h. den Tag des Ignatius auserwählt, um im Jahre 1701 den protestantischen Kurfürsten von Brandenburg zu dem Könige Preußens zu erheben und im Jahre 1871 dem König von Preußen die deutsche Kaiserkrone aufs Haupt zu setzen; denn es gibt in der Weltgeschichte nichts, was dem Jesuitenorden heftiger verhaßt ist, als die Erhebung des Preußischen Staates und die Gründung des neuen deutschen Kaiserreichs.

Die Feindschaft des Jesuitenordens ist gegen die Einheit der deutschen Nation und gegen den Frieden des deutschen Reiches gerichtet. Daher ist das Reich mehr als die einzelnen Staaten veranlaßt und verpflichtet, diesem Feinde zu begegnen. Freilich ist die Gefahr weit größer für die katholischen als für die protestantischen Deutschen, indem diese ohnehin frei von Rom sind und sich der jesuitischen wie der römischen Autorität leichter erwehren. Aber die freisinnigen Katholiken bedürfen in ihrem Kampfe wider den Orden, in dem sie voran gehen, der Beihülfe der Protestanten; und die Protestanten, welche im Frieden leben wollen mit ihren katholischen Brüdern, haben ein Recht, auch ihrerseits auf Wegweisung des Störenfrieds zu bringen, dessen ganzes Trachten darauf gerichtet ist, den confessionellen Zwiespalt immer wieder zu erneuern und zu verschärfen.

Man hat gesagt, der Jesuitenorden gehe die Protestanten gar Nichts an, weil er ein katholischer Orden sei. Ein Lobredner der Jesuiten (Professor Buß von Freyburg) meinte sogar, die Protestanten mögen einen protestantischen Gegenorden stiften, der dann ebenso für die protestantischen Interessen den Kampf führe, wie die Jesuiten für die Papstherrschaft, und gewisser Maßen als Gegengift das Gift aufhebe. Seltsamer Einfall. Wir, die wir im confessionellen Frieden leben wollen und dieses Friedens bedürfen, sollen ebenfalls an der Zerreißung der Nation und an der confessionellen Spaltung des Reiches arbeiten! Da ist es doch viel zweckmäßiger für den confessionellen Frieden, wenn der feindliche Orden, welcher den confessionellen Krieg bedeutet, weggewiesen, als wenn ihm ein zweiter Orden, der ebenfalls confessionellen Krieg will, entgegen gesetzt wird. Wenn wir jenes thun, so sichern wir den Frieden, wenn wir dieses vorzögen, so hätten wir den Krieg organisirt.

Aber hat das deutsche Reich, wie es die Macht besitzt und die Pflicht hat für den Frieden der deutschen Nation zu sorgen, auch die rechtliche Befugniß, den Jesuitenorden für Deutschland aufzulösen und wegzuweisen aus jeder Wirksamkeit in der Schule und in der Kirche?

Ueber die formale Competenz des Reiches ist kein Zweifel möglich. Der Art. 4, Nr. 16 weist „das Vereinswesen" der Reichsgesetzgebung zu. Indem das Reich die Vereinsfreiheit ordnet und die Vereinsfreiheit schützt, kann es zugleich rechtswidrige und staatsgefährliche Vereine verbieten.

Indessen die formale Competenz reicht nicht aus, um alle Bedenken zu entkräften, welche auch gelegentlich von liberaler Seite her einem Verbote des Jesuitenordens entgegen gesetzt werden. Die Frage bedarf einer näheren Erwägung, ob das deutsche Reich mit gutem Gewissen und ohne den Prinzipien der Freiheit irgendwie untreu zu werden, den Jesuitenorden untersagen dürfe.

Wie die christliche Religion die Menschen anweist, auch die Feinde zu lieben, so gewährt der moderne Staat auch dem Feinde den Schutz des gemeinsamen Rechts. Auch die Jesuiten sind Menschen und haben ein natürliches Recht darauf, daß ihnen kein menschliches Recht versagt werde, mögen sie noch so bösartige und gefährliche Gegner des natürlichen Menschenrechtes sein. Auch dem Jesuitenorden gegenüber, dem schlimmsten Feinde der Freiheit, dürfen wir die heiligen Grundsätze der Freiheit nicht verläugnen.

Bei der Prüfung dieser Frage kommt voraus der Unterschied

zwischen dem Orden als einer Institution und den einzelnen Jesuiten als Individuen in Betracht. Wir bekämpfen nicht die Individuen, sondern den Orden. Wir bedauern die einzelnen Jesuiten, wir verfolgen sie nicht. Sie mögen alles das glauben, was der Jesuitenorden zu glauben lehrt, ihr Glaube und ihr Aberglaube sind frei von jedem Eingriff des Staats und von jedem Zwange des Rechts. Sie mögen auch im Sinne des Jesuitismus reden, schreiben und handeln, wie sie wollen. So lange sie sich gleich anderen Leuten innerhalb der Schranken der Rechtsordnung bewegen, haben auch sie die allgemeine Freiheit zu genießen wie Jedermann.

Aber verschieden von den Individuen ist der Orden als Institution. Die Gesellschaft Jesu ist ein rechts-, staats- und culturfeindlicher Verein, bestehend aus Fremden ohne Vaterland, ohne Familie, ohne Heimat, welche im Dienste eines römischen Generals den geistlichen Feldzug unternehmen und an der Empörung des Volkes arbeiten wider unsern Staat und wider unser Recht. Den Einzelnen soll alle wirklich individuelle Freiheit gewährt werden; aber der Orden als eine staatswidrige Macht, als ein organisirtes Feindesheer muß aufs Haupt geschlagen und aus Deutschland vertrieben werden.

Vergeblich beruft er sich auf die Vereinsfreiheit, denn die Vereinsfreiheit besteht nur durch den Staat und innerhalb der Staatsordnung, nicht aber gegen den Staat und zur Untergrabung und Zerstörung des öffentlichen Rechts. Der Jesuitenorden wirkt nicht in dem Geiste und nicht in der Form der Freiheit, sondern mit den Mitteln der Autorität und zur Ausbreitung seiner Autorität. Er zieht die unmündige Jugend, die erst zur Freiheit erzogen werden soll, in seine Netze und zerstört durch seine Erziehungsmethode die Fähigkeit zum freien Gebrauch ihrer Geisteskräfte. Er ängstigt die Schwachen im Geiste durch die Furcht vor den eingebildeten Höllenstrafen und lockt die Sünder an durch seine laxe Moral und seine leichte Vergebung der Sünden. In der Beichte und in der Predigt wie in der Schule spricht er im Namen Gottes und unterwirft so die Unmündigen und Schwachen seiner Herrschaft. Er erzieht, die ihm folgen, zur Knechtschaft und macht sie zu Werkzeugen der kirchlichen Hierarchie.

Niemals in der Weltgeschichte hat es eine Verbindung gegeben, welche in dem Grade freiheitswidrig ist, wie der Jesuitenorden. Der moderne Staat duldet die Sclaverei nicht mehr, auch nicht die freiwillige Sclaverei. Das heutige Recht schützt die Persönlichkeit des Menschen auch gegen den Willen seiner Eltern, auch gegen den eigenen Willen. Es verwirft die Sclaverei principiell, weil es wider die Menschennatur und die menschliche Ehre ist, daß Menschen als bloße Sachen behandelt werden, die ein Eigenthum anderer Menschen sind. Alle Gründe, welche das Verbot der Sclaverei rechtfertigen, passen ganz ebenso auf das Verbot des Jesuitenordens; denn die Geistessclaverei, welcher er zunächst die eigenen Genossen unterwirft, ist viel schlimmer als jede andere bisher verbotene Sclaverei.

Der Negersclave sogar, der vor dem nunmehr abgeschafften Rechte ein Eigenthum seines Herrn war, mußte wohl für den Herrn arbeiten, wie es dieser befahl, aber es war ihm doch gestattet, eigene Gefühle zu haben, er war doch nicht gehindert anders zu denken, als der Herr dachte. Der Leib des Sclaven diente dem Herrn, die Seele desselben war nicht ebenso geknechtet. Wer Jesuit wird, der muß nicht blos seinen Leib den Befehlen des Obern, d. h. des Herrn zum Dienste hingeben, der verzichtet nicht blos auf die eigene freie Bewegung, er wird nicht blos verbunden, für die Obern zu arbeiten, was sie ihm befehlen. Er muß sogar seine Gefühle, seine Gedanken, seinen Willen dem Orden zum Opfer bringen.

Die geistlichen Exercitien, zu denen nach der Jesuitenmähre die „Mutter Gottes" selber den heiligen Ignatius begeistert hat, sind ganz darauf berechnet, den individuellen Geist und Willen zu ertödten. Zu diesem Zwecke wird der Jesuitenzögling Monate und Jahre lang eingeübt in dem künstlichen Wechsel zwischen gedankenlosem Schweigen und vorgeschriebener Meditation, zwischen Züchtigung des Fleisches und den Aufregungen der gereizten Phantasie, zwischen niederträchtigster Demuth des Einzelnen und hochfahrendem Ehrgeize und Herrsucht des Ordens, bis er sich selber dem Orden opfert, und auf das eigene Urtheil wie auf den eigenen Willen für immer verzichtet. Der Jesuit muß nach dem amtlichen Ausdrucke der Constitutionen zu einem Leichnam (Cadaver) werden, dem nur der Ordensobere Leben einhaucht. Er ist nur „ein Stab in der Hand des Greises", d. h. des Jesuiten-Generals. Wenn seine Augen etwas als weiß schauen, wovon die Kirche sagt, es sei schwarz, so muß er es für schwarz erklären. In dem General sieht er nicht einen Menschen, sondern „Christus selbst". Was der General gebietet, das hat er gelobt, als Gottes Gebot zu verehren.

Eine solche unmenschliche Ueberspannung der Autorität und ein solcher übertriebener Gehorsam, nicht mit Unrecht „Cadavergehorsam" genannt[1]) ist im höchsten Grade gottlos und naturwidrig. Gott hat dem Menschen die individuellen Geistes- und Gemüthskräfte nicht dazu gegeben, daß er sie austilge und ertödte, sondern damit er sie entwickle. Die naturgemäße Wechselwirkung zwischen dem individuellen und dem Gemeingeiste, welche wie ein zweiarmiger Hebel das Leben und Streben der Menschheit bewegt, darf nicht aufgehoben werden durch die Zerstörung des Individualgeistes. Eine Institution, welche dazu gebildet ist, die völlige Knechtung des individuellen Geistes unter einen andern Willen, den Ordenswillen herbeizuführen, darf vom Staate nicht

---

[1]) Vergl. die treffliche Schrift von Buchmann: Ueber und gegen den Jesuitismus. Breslau 1872. S. 33.

gedulbet werden, welcher die individuelle Freiheit zu erhalten und zu schützen berufen ist. Sie ist die unverzeihlichste Sünde wider den heiligen Geist, und die schwerste Kränkung des natürlichen Menschenrechts. Der Staat hat die Pflicht, die freie Persönlichkeit zu schützen und deshalb hat er die Pflicht, eine Institution zu verbieten, welche auf Zerstörung derselben und auf einen wahren Geistesmord ausgeht. Indem der Staat die Sclaverei verbietet, muß er folgerichtig auch die geistige Sclavenzüchterei des Jesuitenordens untersagen.

In minderem Grade, aber noch immer über die Maßen verderblich wirkt diese Knechtung des individuellen Geistes auch auf die weiteren Kreise der Bevölkerung, welche dem Einflusse des Ordens Preis gegeben sind. Die Jesuiten, selber Geistessclaven ihrer Oberen, breiten dieselbe Geistessclaverei, in der sie gefangen sind, auch ringsumher aus. Ueberall knicken und zerbrechen sie den individuellen Willen wie das freie Urtheil, und überall richten sie über den Trümmern jeder Freiheit die absolute Autorität der Hierarchie auf. Sie zernagen die Wurzeln der sittlichen Weltordnung, welche ohne Wahrhaftigkeit, ohne Prüfung, ohne Gewissenhaftigkeit, ohne freien Willen nicht gedeihen kann; sie zerstören die Fundamente der menschlichen Rechtsordnung, welche mit der Sclaverei, der leiblichen wie der geistigen, nicht bestehen kann. Sie untergraben die Staatsgewalt und verhetzen bald die Unterthanen wider die Obrigkeit, bald die Obrigkeit wider die Unterthanen, je nachdem der eine oder andere ihren Herrschaftsplänen besser dient.

Das deutsche Reich und der Jesuitenorden können nicht mit einander im Frieden leben, und nicht zugleich gedeihen. Entweder muß das Reich den fremden Körper, der das Blut der deutschen Nation vergiftet, aus dem Leibe des deutschen Volkes herausschneiden, oder dieser Körper wird einer schweren Krankheit und heftigen Fieberkrisen entgegen geführt, welche jedenfalls seine Wohlfahrt, wenn auch nicht sein Leben in Gefahr bringen.

Wir verlangen also, daß das Urtheil der Weltgeschichte an dem Jesuitenorden vollzogen werde und daß die deutsche Nation von demselben befreit werde. Die organisirte geistliche Miliz soll aufgelöst, die Collegien und Anstalten derselben geschlossen, die Güter des Ordens zum Besten des Volkes verwendet, und den Angehörigen und Affiliirten des Ordens jede autoritative Wirksamkeit auf der Kanzel, im Beichtstuhle und in der Schule untersagt werden.

Wir verlangen das im Namen der bürgerlichen Freiheit und der nationalen Geistesbildung, im Namen der sittlichen Weltordnung und des natürlichen Rechts, im Interesse des confessionellen Friedens und um der Einheit, Macht und Herrlichkeit des deutschen Reiches willen.

Die hundertjährige Feier der Aufhebung des Jesuitenordens durch Papst Clemens XIV. darf den Jesuitenorden in Deutschland nicht mehr unter den Lebenden finden. Wenn er wieder ins Grab gelegt sein wird, aus dem ein thörichter Restaurationseifer ihn erweckt hat, dann wird auch die katholische Kirche in Geistlichen und Laien leichter und fröhlicher athmen, der Friede des Volks und die Hoheit des Staates werden von ihrem schlimmsten Feinde und die geistige Entwicklung der Menschheit wird von dem schädlichsten Hemmnisse befreit sein.

Die beiden Aufsätze in dieser Streitschrift sind zu Anfang des Jahres 1872 entstanden und in Form von öffentlichen Vorträgen in mehreren deutschen Städten bekannt geworden. Seither ist die Jesuitenfrage auch in dem deutschen Reichstage verhandelt und durch ein Reichsgesetz das Verbot des Jesuitenordens für Deutschland ausgesprochen worden. Der uns aufgenöthigte Kampf mit Rom wird heute allgemeiner verstanden als vor Monaten. Derselbe wird ebenso siegreich durchgeführt werden, wie die beiden Kriege, in denen die deutsche Nation ihre Einheit gefunden und ihre Erhebung erstritten hat. Durch den Sieg über das römische Pfaffenthum wird das deutsche Volk seinen Beruf für die freie Entwickelung der Menschheit erfüllen.

Druck von J. Dräger's Buchdruckerei (C. Feicht) in Berlin.